Le plaisir sexuel

Du même auteur
aux Éditions J'ai lu

Comment faire l'amour toute la nuit, *J'ai lu* 7140

Dr BARBARA KEESLING

Le plaisir sexuel

Vers de nouveaux horizons dans l'art de l'amour

Traduit de l'américain par Oscar Spouque

J'AI LU

Bien-être

Ce livre est dédié à tous mes patients

Titre original :
SEXUAL PLEASURE

SOMMAIRE

Quatrième partie
L'harmonie du couple

Remerciements

Je tiens à remercier tous ceux qui m'ont aidée à réaliser cet ouvrage. De nombreux exercices présentés dans *Le plaisir sexuel* m'ont été enseignés par Michael Riskin, Anita Banker et Ron Gibb.

Un grand merci également à Kiran Rana et à l'équipe de Hunter House, c'est-à-dire Paul, Lisa, Robin, Corrie et Laura, ainsi qu'à Deborah Grandinetti et à Jackie Melvin pour leur précieuse collaboration à la rédaction de ces pages.

Enfin, je ne peux pas oublier mon mari, John, dont le soutien permanent m'a permis de mener ce long travail à son terme.

Votre vie sexuelle vous convient parfaitement et vous avez le sentiment de posséder, en la matière, une expérience des plus satisfaisantes.

Ou, au contraire, vous aimeriez approfondir votre relation amoureuse : ressentir plus de plaisir et combler votre partenaire.

Alors, ce livre a été conçu pour vous.

Au fil des pages, grâce aux conseils et exercices qui y sont proposés, il vous donnera la possibilité de découvrir une source infinie de plaisir, d'épanouissement, de découvertes mutuelles, et ce, en vous aidant à aller à la découverte de votre corps par le biais de caresses que vous-même apprendrez à lui dispenser.

A décrypter toutes les manifestations d'excitation sexuelle de votre partenaire pour les harmoniser avec votre propre désir.

A vous concentrer sur les sensations que le fait de se caresser éveillera en vous – ou en l'autre – ce qui aura pour effet de vous faire oublier toutes les pressions – qu'elles soient d'anxiété ou de « désir de réussite » – que l'on peut ressentir dans ces moments-là.

A faire durer la relation érotique le plus longtemps possible, en intensifiant l'excitation amoureuse et en prolongeant le plaisir.

Vous pourrez alors, en toute harmonie, construire avec celui ou celle que vous aimez une relation intime basée sur la confiance mutuelle.

Introduction

Ou comment apprécier les multiples plaisirs que peut vous procurer votre corps lorsque vous faites l'amour.

Ce livre a pour but de vous aider à *retrouver* des sensations oubliées ou inconnues, à *redécouvrir* le plaisir et à atteindre des sommets dans l'art amoureux.

Il vous propose également des conseils pour oublier la routine, être plus naturel(le), ne plus vous escrimer à éveiller artificiellement le désir de votre partenaire, et laisser de côté tout ce qui, jusqu'à aujourd'hui, vous empêchait de jouir pleinement de votre corps et de l'être que vous aimez.

La philosophie que j'y développe peut vous sembler paradoxale. Son efficacité a cependant été maintes fois prouvée par des spécialistes.

Car c'est en apprenant à se concentrer sur ses propres sensations et son plaisir personnel, que l'on parvient à bien connaître les envies et les réactions de son partenaire.

De plus, savoir exactement ce que l'on aime donne confiance en soi et permet d'expliquer à l'autre ce qu'on attend de lui.

De nombreux ouvrages du genre prônent de s'intéresser d'abord au plaisir de son partenaire, même si c'est au détriment du sien, une affirmation qui non seulement me consterne mais qui peut s'avérer néfaste, parce qu'elle conduit souvent à « l'angoisse de la performance ».

Je ne crois pas plus aux livres de « cuisine sexuelle », ni aux recettes miracle, lesquels se contentent d'énumérer des positions et des techniques soi-disant éprouvées.

Pour une vie sexuelle réussie, j'affirme qu'il faut avant tout développer sa *sensualité* ; au-delà de la mise en scène primaire c'est toute la palette des sensations que notre corps est capable de ressentir, qu'il faut apprendre à reconnaître et à apprivoiser.

Pour y parvenir, trois éléments essentiels sont développés dans mon livre :

- Prendre du plaisir à toucher son partenaire, ainsi que son propre corps.
- Prendre du plaisir à être touché.
- Se laisser aller au plaisir sans éprouver ni anxiété ni culpabilité.

Ces bases assimilées, le geste et la sensation – la caresse et le plaisir – fusionneront en une source de volupté, et faire l'amour deviendra alors entre vous un échange émotionnel, intense et profond, qui transformera votre vie et dont les bienfaits en rejailliront sur tous les aspects.

Grâce à une série d'exercices pour éveiller le désir, intensifier l'excitation et sublimer l'acte d'amour, qui vous est proposée dans *Le plaisir sexuel*, vous prendrez une conscience aiguë de chacun de vos sens et de leur pouvoir.

Ces exercices vous sont proposés dans un ordre précis, afin de constituer un programme complet, lequel débutera par des expériences d'autostimulation destinées à vous préparer aux exercices qui se pratiquent à deux.

Ce programme sera d'autant plus efficace si votre relation est déjà basée sur la confiance, le respect, la complicité et, bien sûr, l'amour.

Les exercices décrits ici, que l'on peut qualifier de « sensoriels », vont vous permettre de focaliser toute votre attention sur les sensations de votre partenaire, ou sur la situation présente ; ils sont des variantes améliorées de ceux mis au point par les célèbres William Masters et Virginia Johnson.

Mais alors que Masters et Johnson les ont créés pour aider les hommes et les femmes à surmonter leurs problèmes sexuels, je les ai adaptés de manière à permettre aux couples qui souhaitent vivre plus intensément l'acte d'amour d'y puiser de nouvelles et surprenantes jouissances.

Pour cela, je me suis appuyée sur les plus récentes découvertes en ce domaine – par exemple, les différences fondamentales qui existent entre excitations féminine et masculine.

J'ai donc adapté les travaux de Masters et Johnson, en leur donnant une orientation plus spécifiquement sexuelle.

Ainsi, vous pourrez (entre autres) :

- Prolonger la durée de vos rapports amoureux.
- Pour les hommes – contrôler plus efficacement vos érections et ainsi accroître le plaisir et l'éjaculation.
- Pour les femmes – atteindre plus facilement l'orgasme.

Ces exercices sont à la portée de tous, même si l'âge ou la maladie vous limitent physiquement. Cependant, si vous souffrez de problèmes cardiaques, il est préférable de consulter un médecin avant de vous y adonner.

Si vous avez vécu des relations traumatisantes, il est possible que ce livre les fasse remonter à votre mémoire. Si c'est le cas, il est préférable de suivre le programme avec l'assistance d'un psychologue.

Toutefois, il est certain que le caractère très intime des exercices expliqués ici peut provoquer un bouleversement émotionnel et réveiller des choses profondément enfouies en vous. Si vous avez le sentiment de ne pouvoir le supporter, alors n'hésitez pas à vous faire aider, soit par un sexologue, soit par un psychologue.

Si vous souhaitez vivre dans une parfaite harmonie avec celui – ou celle – que vous aimez, sachez que modifier la façon dont vous faites l'amour aboutira à créer une plus grande confiance au sein de votre couple, et à donner une réelle profondeur à votre relation.

A qui est destiné ce livre ?

A tous, car grâce à la nouvelle approche qu'il propose, il va ouvrir de nouveaux horizons dans votre vie amoureuse, quels que soient votre âge et votre situation, et ce, même si vous n'avez aucune expérience en ce domaine.

Je l'ai écrit en pensant aux couples hétérosexuels, mais de nombreux exercices peuvent convenir à des amants de même sexe.

Il vous sera également très utile, si vous devez faire face à un problème particulier – par exemple si vous éprouvez des difficultés à atteindre l'orgasme, à maintenir votre érection.

Modifier la façon dont vous faites l'amour peut profondément transformer et améliorer votre relation amoureuse, tout autant que votre vie.

Car faire l'amour est incontestablement une source infinie de plaisir et d'épanouissement.

Aussi, quelle que soit votre vie sexuelle et la satisfaction qu'elle vous procure, il est toujours enrichissant d'explorer de nouvelles possibilités, lesquelles vont permettre, non seulement d'avoir une meilleure connaissance de soi-même, mais aussi de celui, ou de celle, que l'on aime.

C'est pourquoi *Le plaisir sexuel* se propose de vous apprendre :

- A acquérir une meilleure connaissance de votre corps, et à prendre plus pleinement conscience de votre sexualité en vous prodiguant, à vous-même, des caresses.
- A décrypter les manifestations de désir de votre partenaire pour les harmoniser avec les vôtres.
- A vous concentrer profondément sur les caresses – que vous les prodiguiez ou les dispensiez – pour arriver à oublier vos anxiétés, et à réduire « la pression de la performance », sentiment très fréquent au moment de faire l'amour.
- A prolonger le plaisir grâce à des exercices pour intensifier l'excitation amoureuse.

- A construire avec votre partenaire une relation tissée de désir, de confiance, d'amour et de réelle intimité.

Que trouverez-vous dans Le plaisir sexuel ?

Ce livre comprend quatre parties :

- Vers une nouvelle sexualité.
- Le plaisir chez l'homme.
- Le plaisir chez la femme.
- L'harmonie du couple.

« Vers une nouvelle sexualité » se propose de vous apprendre à vous détendre avant l'amour, à vous caresser et à caresser l'autre.

Vous devez absolument lire attentivement les informations et les conseils qui y sont décrits, avant d'entamer le programme proprement dit. Cette première partie décrit également une série de caresses qu'il est possible de se dispenser à soi-même et en solo.

Lesquelles vous permettront de mieux connaître et comprendre comment vous réagissez aux stimulations érotiques.

Vous y apprendrez également à intensifier votre désir, grâce à des exercices à deux.

Vous serez alors parfaitement préparé aux pratiques plus élaborées qui succèdent à cette première partie.

« Le plaisir chez l'homme », la seconde partie, comprend quatre chapitres. Le premier, consacré aux réactions sexuelles au masculin, distingue clairement les principales phases du plaisir : excitation, érection, orgasme et éjaculation.

Les suivants vont vous apprendre à : faire l'amour plus longtemps, améliorer vos érections, intensifier l'excitation érotique et l'orgasme.

« Le plaisir chez la femme » comprend trois chapitres. Le premier traite des découvertes les plus récentes sur le comportement sexuel féminin et explore les aspects psychologiques du désir et de l'excitation. Les deux autres proposent des méthodes propres à rendre l'excitation plus troublante et le plaisir plus intense – en vous faisant découvrir, par exemple, vos « déclencheurs d'orgasme » ou comment devenir une « femme fontaine ».

Enfin, en dernière partie de ce livre, toutes les facettes de l'amour sont explorées : l'étroitesse des liens affectifs – indispensable dans un couple –, la confiance en l'autre, la facilité à communiquer, les jeux érotiques, bien-être et extase. Les effets des exercices déclinés ici vous rapprocheront l'un de l'autre, non seulement dans votre vie amoureuse, mais également dans celle de votre couple.

Comment utiliser Le plaisir sexuel ?

Pour en saisir la philosophie et vous familiariser avec les exercices qu'il vous propose, lisez tout d'abord *Le plaisir sexuel* en entier.

Puis, ensemble ou séparément, abordez les exercices décrits chapitre 3 : « La géographie de votre corps » (que vous pouvez entreprendre même si pour l'instant personne n'occupe vos pensées).

Passez ensuite aux premiers exercices à pratiquer en couple, chapitre 4 : « Les caresses qui enflamment le corps ».

Ensuite, je vous suggère d'entreprendre ceux décrits chapitre 6 – lesquels aideront l'homme à acquérir une meilleure « endurance ».

Puis, ceux sur l'excitation et l'orgasme de la femme, chapitres 11 et 12.

Enchaînez sur l'érection et l'orgasme masculins. Et terminez par les deux derniers chapitres, tout particulièrement destinés à vous faire atteindre une pleine harmonie dans votre couple.

Par expérience professionnelle, je peux vous assurer que suivre dans cet ordre le programme est important. En effet, il est plus facile de s'adonner aux exercices qui concernent le plaisir féminin, si l'homme arrive à contrôler les manifestations de son désir et de son plaisir (érection-éjaculation).

Répétez les exercices autant de fois que vous le souhaitez et prévoyez d'y consacrer à peu près une heure chaque fois, au rythme d'une séance minimum par semaine – pour ne pas oublier, si vous laissez passer trop de temps entre chacune d'elles – et trois au maximum – car en faire plus risque de vous mener à saturation.

En respectant ce rythme, vous constaterez, et ce rapidement, une réelle amélioration dans vos rapports amoureux.

A propos de l'auteur

Le plaisir sexuel est l'aboutissement de nombreuses années d'études et d'une longue carrière professionnelle, commencée au début des années 80. Je suis titulaire d'un doctorat en psychologie appliquée à la santé, de l'université de Californie, une spécialité qui consiste à établir des rapports entre santé physique et santé mentale – en clair, le corps et la tête.

D'où l'importance de mettre en accord ce qui se passe « sous la ceinture » et – surtout – ce qui se passe « dans la tête ».

Après l'obtention de mon diplôme, j'ai enseigné la sexologie dans diverses universités et, à mes étudiants, les pratiques décrites dans mon livre.

Je sais qu'elles sont véritablement efficaces, pour en avoir observé les surprenants résultats chez des centaines de mes patients, et aujourd'hui, je suis heureuse de pouvoir mettre à votre disposition, les connaissances que j'ai acquises en ce domaine.

J'espère qu'elles vous aideront à prendre encore plus de plaisir à vivre l'un près de l'autre et l'un avec l'autre. C'est là mon souhait le plus cher.

Première partie

VERS UNE NOUVELLE SEXUALITÉ

1

Les caresses qui réinventent l'amour

Les idées les plus simples sont souvent les meilleures. Par exemple : *Les sensations exprimées par le toucher et le senti – les doigts et la peau – sont les ingrédients privilégiés du plaisir.*

Si cette affirmation ne vous paraît guère convaincante, c'est que vous avez pris l'habitude de caresser ou d'être caressé(e) d'une manière qui ne vous dispense pas – ou plus – le maximum de plaisir sensuel.

Les exercices sensoriels vont changer tout cela.

Comme je vous l'ai déjà expliqué, il s'agit, j'allais dire tout simplement, de *focaliser* son attention sur *ses sensations*.

Concentrez-vous sur votre corps, de manière à ne penser qu'au point de contact entre votre peau et celle de votre partenaire, votre peau et ses doigts, sa bouche ou ses cheveux.

Lorsque le point de contact se déplace, votre attention doit le suivre. Dès que vous sentez votre esprit s'égarer, ressaisissez-vous et ramenez-le au point de contact.

Par ailleurs, il est primordial que les caresses ne soient pas trop appuyées – elles doivent rester légères et s'effectuer très lentement.

Etre touchée ainsi – avec une calme sensualité – s'avérera très relaxant et même réconfortant. Etat indispensable pour atteindre des niveaux d'excitation intense. Si votre corps et votre esprit sont en phase, focalisés sur le même point de contact, le sentiment de détente et de bien-être s'amplifiera encore, et votre façon d'aborder l'acte sexuel en sera transformée. C'est cela qui donne aux « caresses sensorielles » le pouvoir de réinventer l'amour.

Un autre point important est d'apprendre à toucher l'autre pour son propre plaisir. N'essayez surtout pas de « mettre en marche » votre partenaire, cherchez avant tout à *vous* faire plaisir.

Même si cela vous paraît paradoxal, agir ainsi est ce qui lui plaira le plus, car si il ou elle sait que vous vous concentrez sur votre propre plaisir, il se sentira plus libre et n'essaiera pas de réagir à vos stimulations par une réponse qu'il jugera appropriée.

Quant à vous, « réussir » à l'exciter ne vous angoissera pas puisque c'est uniquement pour votre bénéfice personnel que vous lui prodiguez ces caresses.

Les caresses « gratuites » dispensées ainsi, sans angoisse ni tension, se révéleront alors une extraordinaire source de tendresse, de prévenance et de douceur pour vous deux.

Libéré de l'angoisse liée à la performance, chacun des amants pourra alors s'abandonner tout entier au plaisir de faire l'amour.

Les caresses devront être pratiquées sur toutes les parties du corps, sans exception, elles seront « sensorielles » ou « sensuelles » selon l'endroit où vous les dispenserez.

Dans un premier temps, exécutez-les sur vous-même, ainsi vous apprendrez à mieux connaître votre géographie corporelle, ce qui vous permettra d'en découvrir les zones les plus érogènes, voire d'établir sa « carte du plaisir ».

Ensuite prodiguez-les à l'autre, lequel, à son tour, vous rendra la pareille.

Pour cela vous pouvez utiliser n'importe quelle partie de vous : doigts, mains, visage, cheveux... mais, lorsque vous touchez votre partenaire, surtout ne rompez jamais le contact entre sa peau et la vôtre – ne relâchez jamais la caresse – même si vous voulez effectuer un quelconque changement.

Si vous utilisez de l'huile ou de la crème parfumée, réchauffez-la au préalable au creux de la main, pour ne pas surprendre votre partenaire par un effet de « froid ».

Maintenant, je vais vous décrire en détail les principes essentiels de la caresse sensorielle, certainement fort différente de celles auxquelles vous êtes habitué(e).

Lisez-les avec attention, car vous devrez les utiliser, tout au long du programme déroulé dans ce livre.

Toucher pour son propre plaisir

Pendant une caresse sensorielle, vous devez avant tout rechercher une sensation agréable.

Il n'y a pas de bonne ou de mauvaise manière de caresser celui ou celle que l'on aime, chacun possède son propre style, l'important est d'y prendre du plaisir.

Je vais cependant vous donner quelques conseils qui vont vous aider à focaliser votre attention sur le point de contact.

La caresse peut être longue ou brève, selon votre préférence, mais elle doit toujours être lente et légère. Vous vous concentrerez plus aisément si, pour l'un et l'autre, les gestes sont lents.

Et, même si vous pensez être suffisamment lent, fermez les yeux et ralentissez encore le rythme, vous vérifierez alors si votre attention se renforce.

En touchant la peau de votre partenaire, soyez attentif(ve) à sa chaleur, sa texture et aux formes sur lesquelles glisse votre main.

Encore une fois, n'oubliez pas que vous caressez pour votre seul plaisir, à vous d'aider votre partenaire à se concentrer sur les caresses qu'il reçoit.

Pour cela, la meilleure position est celle qui exigera de vous le moins d'efforts.

Par exemple, si votre vis-à-vis est allongé sur le ventre et que vous voulez le toucher, couchez-vous contre lui (ce sera nettement plus confortable que de s'asseoir à califourchon sur lui).

Se concentrer sur les sensations

Les plus récentes études, tant en médecine qu'en psychologie, montrent combien il est important de ne pas dissocier le corps et l'esprit.

En sexologie, il est évident que le fait de les associer étroitement renforce en nous la conscience de notre identité sexuelle. Ce en quoi les exercices sensoriels vous seront d'une grande aide.

Au cours de l'exercice, chacun des partenaires doit centrer son attention sur le point de contact entre les corps. Il est indispensable de ne pas laisser dériver son esprit. Si, par exemple, vous effleurez le visage de l'autre du bout des doigts, notez mentalement ce que vous ressentez.

– Sa peau est-elle douce ou légèrement rugueuse ?
– Vous semble-t-il tendu ou au contraire détendu ?
– Ce contact vous plaît-il vraiment ?

Si, à l'inverse, c'est vous qui êtes caressé(e), réagissez de même et suivez mentalement chaque mouvement de ses doigts.

– La caresse est-elle suffisamment légère ?
– Que ressentez-vous ?
– Quels sentiments – positifs ou négatifs – éveille-t-elle en vous ?
– Etes-vous vraiment détendu(e) ?
– Si ce n'est pas le cas, pensez-vous y parvenir ?

Ces observations bien suivies vous amèneront à accroître votre capacité à ressentir la sensualité du contact et, par conséquent, le plaisir que vous pouvez en retirer.

Vous réaliserez alors que, pendant un exercice sensoriel, vous vous laissez souvent distraire : par un bruit, une pensée, un souvenir.

Que cela vous arrive souvent n'est pas un problème, ce qui compte, c'est que vous vous en aperceviez, et que vous réussissiez à ramener votre esprit à ce que vous faites.

Et au fil des séances, la concentration vous deviendra naturelle.

Rester dans le moment présent

Dès que vous recentrez votre esprit sur la sensation procurée par la caresse, cela vous ramène au moment présent.

Vous devez alors vous concentrer sur la partie du corps de votre partenaire qui vous occupe, et non pas sur la caresse que vous lui avez prodiguée juste avant, ni sur celle que vous allez lui dispenser.

En ce qui vous concerne, c'est exactement la même chose – ne pensez pas aux caresses que vous aimeriez recevoir, car si vous attendez « qu'on vous caresse le dos » ou si vous dites : « j'ai envie qu'il vienne en moi », c'est que vous êtes déconcentré.

Rester dans le moment présent est extrêmement important.

Efforcez-vous également d'éviter de vous remémorer une expérience passée ou de vous projeter dans l'avenir.

Car si vous faites appel à votre mémoire, le risque en est de vous laisser distraire. Et si vous essayez d'anticiper sur le futur, il sera alors de ressentir une certaine appréhension, voire de vous poser des interrogations, lesquelles vous empêcheront de goûter pleinement les caresses qui vous sont prodiguées à ce moment-là. La clé du plaisir est là, dans le moment présent, celui où l'esprit est en parfaite communion avec le corps, et où il enregistre toutes les sensations délicieuses qui lui sont transmises.

NE RIEN « ATTENDRE »

Lorsque vous vous livrez à des caresses sensorielles, vous devez vous sentir libéré de toute pression. Aucune performance n'est attendue de l'un ou de l'autre, aucun de vous deux n'a à « réussir » tel ou tel geste, ni à réagir de telle ou telle manière.

Ni vous, ni votre partenaire, n'avez à donner quelque chose en échange : ce sont des caresses « gratuites ».

Alors, toute pression ainsi envolée, vous pourrez vous consacrer entièrement au plaisir.

Dans la plupart des exercices sensoriels qui se font en couple, l'un des deux partenaires doit tenir le rôle actif et l'autre passif. Dans un deuxième temps vous devrez, évidemment, les échanger.

C'est un moyen supplémentaire d'éliminer entre vous toute notion de performance et de vous aider à mieux centrer votre attention.

Vous êtes actif. Concentrez-vous sur la caresse que vous prodiguez à votre partenaire et sur la partie du corps que vous êtes en train de toucher. Ne pensez qu'à votre plaisir. Ne vous souciez pas de ce que l'autre pense ou ressent. Ne lui parlez pas. N'attendez rien de sa part. Présumez simplement que vous lui procurez du plaisir. Si ce n'est pas le cas, il ou elle vous le dira. Ne pensez qu'à une seule chose : ce que vous ressentez. Lorsque vous aurez terminé, dites-le.

Vous êtes passif. Allongez-vous dans une position confortable. Détendez-vous au maximum. Focalisez votre attention sur les sensations que vous procure celui ou celle qui vous caresse. Suivez mentalement les mouvements de sa main sur vous. Si cela ne vous convient pas, n'hésitez pas à le formuler. Sinon ne parlez pas, ne faites rien qui puisse être interprété comme une réponse à ces caresses. Absorbez toutes les sensations comme si vous étiez une éponge. Savourez tout simplement, et uniquement, votre plaisir.

Au début, rester totalement passif vous paraîtra peut-être difficile, mais tenez bon, et vous vous apercevrez rapidement que cette inactivité totale peut s'avérer extrêmement agréable.

Lorsque vous êtes actif, ne recevoir aucune réponse vous semblera frustrant et peu naturel, mais ne fléchissez pas, vous découvrirez non seulement des sensations nouvelles, mais vous déterminerez également quelles sont les caresses qui vous comblent le plus.

Distinguer les rôles vous permettra aussi de mieux connaître votre corps – et celui de votre partenaire – qu'en vous caressant mutuellement et en même temps, ou que chacun « s'occupe » de son côté ; cela se révélera beaucoup plus excitant.

Enfin, intervertir les rôles développera entre vous un réel sentiment de confiance et d'équilibre.

Lorsque ces exercices ont été pour la première fois mis au point, les instructions données par les sexologues à leurs patients étaient différentes.

« Lorsque vous êtes actif, efforcez-vous de donner du plaisir à votre partenaire. Lorsque vous êtes passif, formulez clairement ce que vous aimez ou pas » était leur postulat.

Mais on s'est vite rendu compte que procéder ainsi amenait à cette fameuse pression de la performance, dont il faut absolument se débarrasser.

Et nous avons découvert que conseiller à nos patients de caresser leur partenaire en se concentrant sur ce qu'eux ressentaient leur procurait un plaisir plus intense, et améliorait considérablement leur relation amoureuse.

Libérer votre partenaire de toute pression

Lorsque, au cours d'un exercice sensoriel, vous êtes actif, ne vous souciez pas des réactions de l'autre. S'il apprécie vos caresses, tant mieux, mais n'attendez surtout pas de signes prouvant que vous avez réussi à l'exciter. N'essayez pas de l'amener à l'orgasme – ce sont des caresses « gratuites », ne l'oubliez surtout pas.

Bien sûr, il est normal d'avoir envie de donner du plaisir à celui ou celle que l'on veut combler, mais si vous attendez qu'il réagisse... physiquement, il ou elle le sentira et en même temps subira cette fameuse pression de performance.

Votre manière de le caresser se modifiera si vous guettez ses réactions même si vous ne dites rien et peut-être même à votre insu, il vous sera alors difficile de vous concentrer sur les caresses et les sensations qu'elles vous procurent.

Se libérer soi-même de la pression

En effet, nous exerçons bien souvent une plus forte pression sur nous-même. Au cours d'un exercice sensoriel, n'attendez aucune réaction particulière venant de vous. Certains d'entre eux vont vous apprendre à reconnaître vos différents niveaux d'excitation, mais ils n'induisent jamais que vous soyez performant.

Ne l'oubliez pas pendant les exercices : être conscient de ce que l'on ressent est le seul but. Et non que le niveau en soit élevé ou non.

Certaines personnes s'inquiètent de ne pas ressentir d'excitation suffisante pendant un exercice. C'est un tort. Nombre d'entre eux sont avant tout sensuels – non sexuels –, ils jouent sur les sensations, le plaisir et le bien-être et non sur l'excitation proprement dite.

Cependant, si vous vous sentez excité(e), ne cherchez pas à vous contrôler, laissez-vous aller. Surtout n'essayez pas d'intensifier l'excitation, contentez-vous de savourer votre plaisir, y compris s'il vous conduit à l'orgasme.

À QUOI SERVENT LES CARESSES ?

De nombreuses études ont démontré que toucher – l'autre – ou être touché, génère bien d'autres satisfactions que le simple plaisir des sens et s'avère même, et ce dans de nombreux domaines, bénéfique.

Certaines caresses sont extrêmement relaxantes, et que vous soyez actif ou passif, elles vous procureront un profond sentiment de détente.

Vous pourrez même en retirer un réel soulagement physique – de nombreuses civilisations n'ont-elles pas, depuis les temps les plus reculés, utilisé l'imposition des mains pour atténuer la douleur, voire guérir ?

Dans son ouvrage *Touching*, Ashley Montagu a traité ce sujet en profondeur. Il explique les bienfaits qu'apporte le « toucher » sur notre santé physique et mentale, et ce quel que soit l'âge de la personne.

Le contact physique pour un être humain est extrêmement important, il est prouvé que le taux de mortalité chez les bébés privés de tendresse et de caresses est beaucoup plus élevé que la normale.

Quant aux adultes, on sait que le simple fait d'être touchés entraîne chez eux un ralentissement du rythme cardiaque, une baisse de la tension artérielle, et une diminution sensible du stress.

Bien qu'aucune étude approfondie n'ait démontré que les adultes avaient besoin d'être touchés, pourquoi ce besoin disparaîtrait-il après l'enfance ?

N'est-ce pas tout d'abord l'envie de contact charnel, d'être embrassé, pris dans les bras, qui nous pousse à nouer une relation amoureuse ?

D'ailleurs, pour beaucoup d'entre nous, notamment pour les hommes, c'est uniquement dans ce cadre que nous nous sentons « autorisés » à toucher l'autre et aimons être touchés par l'autre.

C'est seulement alors que nous parvenons à partager plus facilement les sentiments qui nous agitent.

Lors d'une très sérieuse étude, il est apparu que les malades « touchés » par des infirmières – dans le cadre des soins bien sûr – se rétablissaient plus vite que les autres. Personne ne peut dire vraiment comment le toucher agit sur la santé mais, quoi qu'il en soit, ses effets bénéfiques sont indéniables.

Que vous ayez ou non grandi au sein d'une famille affectueuse, que vous soyez ou non habitué aux caresses, j'ai la certitude que tous les exercices sensoriels contenus dans ce livre vont non seulement vous permettre d'accéder à un bien-être physique et moral, mais également vous aider à renforcer votre confiance en vous-même, à accroître votre désir pour celui ou celle que vous aimez, et à intensifier le plaisir que vous donneront les caresses qui vous seront prodiguées.

2

Savoir se préparer au plaisir

Etre fatigué ou énervé ne dispose pas vraiment à bien faire l'amour. C'est pourtant dans cet état-là que nous nous couchons la plupart du temps. Après de longues journées au travail, des discussions houleuses ou des problèmes posés par nos enfants.

Dans ces conditions, il paraît presque miraculeux d'arriver à ressentir quoi que ce soit de réellement épanouissant lorsque le moment d'intimité à deux, tant attendu, se présente enfin.

Pour que ces instants soient privilégiés, être détendu est indispensable. C'est pour cette raison que consacrer un peu de temps à se relaxer avant de faire l'amour est important. Tous les sexologues sont d'accord sur ce point : les pires ennemis du plaisir sont l'anxiété et la tension.

Peut-être n'avez-vous pas ressenti depuis longtemps un réel sentiment de détente. Je vais donc vous en rappeler l'essentiel : en état de relaxation la respiration est calme et profonde, les muscles sont relâchés, le cœur bat plus lentement, et nous laissons notre esprit vagabonder. Le corps utilise cette « pause » pour emmagasiner de l'énergie.

Les avantages de la relaxation ne sont plus aujourd'hui à démontrer. Elle permet de lutter contre la fatigue, les problèmes cardiaques, et de remédier aux déséquilibres psychologiques causés par l'anxiété, le stress ou les contraintes diverses.

De par leur caractère éminemment sensuel, les exercices sensoriels sont une méthode de relaxation des plus agréables.

Le système nerveux est en charge d'accélérer ou de ralentir le rythme du corps. C'est lui qui, entre autres, gère les battements du cœur et la digestion.

Aujourd'hui, en observant les résultats obtenus par les adeptes du yoga, ou diverses techniques de méditation, on s'est rendu compte qu'avec un peu d'entraînement, il est tout à fait possible de contrôler certaines fonctions de notre corps.

Le système nerveux se divise en deux parties distinctes : le système sympathique et le système parasympathique.

Lorsque vous êtes face à un danger, le système sympathique entre en action : c'est lui qui aide votre corps à réunir l'énergie nécessaire pour l'affronter ou le fuir. Dans cette situation, les pupilles se dilatent, la respiration et le rythme cardiaque s'accélèrent, la tension artérielle augmente sensiblement, et le sang afflue instantanément vers chacun des membres. Cette réaction naturelle s'est développée avec l'espèce : face au danger, ce sont nos jambes et nos bras qui nous servent pour nous enfuir ou combattre. Et quelle que soit la nature dudit danger, même s'il n'est pas vraiment réel (on ne rencontre guère de grands fauves ou d'agresseurs sanguinaires dans la rue), notre corps réagit toujours de la même façon : le système sympathique est activé très rapidement et en quelques secondes le sang est propulsé vers les membres.

Il est facile de comprendre en quoi cette réaction instinctive peut s'avérer préjudiciable dans le domaine de l'amour. Lorsque vous êtes anxieux, le sang s'éloigne du « centre » de votre corps, et donc de vos organes génitaux. Par contre, lorsque vous êtes détendu, au contraire, il reste au centre.

Dans notre monde où les sources de stress sont nombreuses, certains d'entre nous ont un système sympathique un peu trop actif, et il se met très vite en état d'alerte, par exemple : si nous devons passer un examen, parler en public...

Le système parasympathique, l'autre branche du système nerveux, est chargé, lui, de ralentir le rythme général du corps pour économiser l'énergie. Il intervient pendant la digestion, par exemple. Quand il est actif, nous nous sentons profondément détendu. C'est également lui qui prend le relais lorsque nous entrons dans un état d'excitation intense.

Contrairement au système sympathique, il est plutôt lent à « se mettre en marche ». Par ailleurs, ces deux parties bien distinctes du système nerveux ne peuvent fonctionner simultanément. A l'évidence : nous ne pouvons être anxieux et détendu en même temps, mais, nous le verrons plus loin, les deux systèmes peuvent parfaitement se compléter.

Comme on peut s'en douter, il est difficile – une fois activé – de mettre le système sympathique « en veilleuse » – si on essaie, on ne fera qu'accroître l'anxiété ou le sentiment d'insécurité.

En revanche, on peut parfaitement le désactiver en déclenchant le système parasympathique, et ce, grâce à la relaxation.

APPRENDRE À SE RELAXER

Avec un peu d'entraînement, vous pouvez « enclencher » votre système nerveux parasympathique en quelques minutes. Une des méthodes consiste à s'allonger dans une position confortable, à fermer les yeux, puis à inspirer lentement et profondément à plusieurs reprises. Cela prendra peut-être un certain temps avant que vous ne vous sentiez parfaitement détendu, mais comme nous l'avons vu précédemment, il est plus facile d'accélérer le rythme de son corps que de le ralentir.

Le Dr Herbert Benson a étudié la question sous tous les angles (notamment dans *The Relaxation Response*), pour lui quatre conditions sont nécessaires pour atteindre un état de véritable détente :

1. un environnement calme :
2. une position confortable ;
3. une formule mentale (prière ou phrase) à répéter longuement en se concentrant le plus possible ;
4. une attitude réceptive, ou du moins passive.

Je pourrais ajouter un cinquième élément à cette liste : une activité *prévisible*, qui ne réserve aucune surprise.

Les exercices sensoriels répondent parfaitement à ces conditions. Ils doivent être effectués dans une pièce calme et familière, et dans une position confortable. La concentration sur le point de contact entre les deux corps étant une parfaite « formule mentale » pour occuper l'esprit et l'empêcher de céder à des pensées génératrices d'anxiété. Chacun prendra à son tour le rôle passif, avec pour unique objectif de focaliser son attention sur ses propres sensations. Enfin, en suivant à la lettre chacun des exercices proposés, vous saurez exactement comment vont se dérouler les étapes suivantes, et l'impression de détente que vous ressentirez alors en sera considérablement accrue.

LE CERVEAU, LA RELAXATION ET LE PLAISIR

Votre esprit fonctionne différemment lorsque vous êtes détendu ou anxieux. Le cerveau produit en permanence des ondes qu'on peut diviser en deux grandes catégories : en état d'éveil, ou plutôt d'alerte, il diffuse des ondes « rapides », dites ondes bêta, et de beaucoup plus « lentes » lorsque vous êtes détendu, elles sont alors appelées ondes alpha. Le meilleur moyen de créer des ondes alpha est de s'allonger, relaxer ses muscles, ralentir le rythme de sa respiration, fermer les yeux et laisser son esprit dériver tout à son aise.

Pendant certains des exercices proposés, il se peut que vous atteigniez des états de relaxation intense, appelés état alpha. Vous aurez alors l'impression de flotter, ou de partir doucement à la dérive. C'est une sensation merveilleuse, mais si vous n'y parvenez pas, ne vous inquiétez pas : ce n'est pas indispensable à la réussite des exercices.

Car, même si vous vous trouvez dans un état de relaxation légèrement inférieur à l'état alpha, votre système nerveux parasympathique entrera en action. Si l'exercice comporte un contact sexuel avec votre partenaire, vous allez sentir l'excitation monter rapidement, c'est à ce moment-là qu'interviendra le système sympathique, au moment de l'orgasme, il « contrôlera » votre corps en entier : la respiration s'accélérera, les muscles se tendront, le rythme cardiaque et la tension artérielle augmenteront sensiblement. La jouissance vous libérera alors de toute cette tension, et vous éprouverez un profond sentiment de détente et de sérénité.

L'activité sexuelle est un des rares domaines dans lesquels les systèmes sympathique et parasympathique fonctionnent simultanément. L'excitation, le plaisir et l'orgasme dépendent d'un équilibre très délicat entre ces deux systèmes. En commençant à faire l'amour dans un état de véritable détente, vous multiplierez considérablement vos chances d'atteindre cet équilibre. C'est pourquoi de nombreux exercices décrits dans ce livre insistent sur l'importance de la relaxation.

Lorsque vous atteignez de très hauts niveaux d'excitation et que vous vous y maintenez un certain temps, votre corps produit des endorphines : ce sont en quelque sorte les hormones du plaisir sécrétées par le cerveau, elles ont le pouvoir d'atténuer, voire d'éliminer les douleurs – l'excitation et le plaisir peuvent donc être assimilés à des analgésiques naturels.

RELAXATION ET CARESSES

Certains types de caresses activent le système parasympathique, et d'autres le sympathique. Vous allez apprendre, pendant les exercices sensoriels, comment éveiller le système parasympathique – et donc à vous mettre en état de relaxation.

La caresse sensorielle, lente et légère, devra dans un premier temps se pratiquer sur les bras et les jambes de votre partenaire, avant de se déplacer vers son sexe. Cette façon apaisante de toucher ou être touché vous entraînera tous deux dans une profonde relaxation.

En revanche, si vous êtes touché de façon brusque, imprévisible ou mécanique, une anxiété sourde, souvent inconsciente, va alors vous envahir.

De même manière, vous vous sentirez mal à l'aise si un endroit intime de votre corps est touché sans que vous vous y attendiez, ou à un moment importun.

Alors, n'oubliez surtout pas de caresser votre partenaire de la façon le plus relaxante possible. Et si lui ou elle vous touche trop brutalement, et que cela éveille en vous un sentiment d'angoisse, n'hésitez pas à lui en faire part.

LES PENSÉES « ANGOISSANTES »

Pendant l'amour comme à tout autre moment, les pensées influent considérablement sur l'humeur : si elles sont agitées ou inquiètes, vous serez dans un état d'angoisse, alors que des pensées calmes contribueront à vous détendre. C'est simple comme bonjour.

Pendant l'amour, certaines pensées peuvent vous déstabiliser et vous ôter toute chance d'atteindre un niveau de relaxation suffisant pour vous permettre de vous abandonner au plaisir.

Il se peut que vous vous mettiez à vous « observer », comme si vous étiez « spectateur » de la situation.

Il est alors pratiquement inévitable pour vous de vous mettre à juger votre « performance » sexuelle, et vous passerez beaucoup plus de temps à surveiller ce qui se passe entre vous deux qu'à en ressentir les effets. Par exemple, un homme peut se dire : « Elle touche mon sexe, c'est tellement bon que je commence à bander, j'aimerais maintenant qu'elle... Oh non, je débande ! » Attitude qui peut rapidement tourner à l'obsessionnel : la personne se sent alors *obligée* de s'observer en permanence.

Grâce aux exercices sensoriels, vous apprendrez à ne vous concentrer que sur ce que vous éprouvez, sans vous poser de questions. Vous apprendrez à *ressentir* plutôt qu'à *penser*. Et peu à peu, vous surveiller en permanence sera une manie à reléguer aux oubliettes.

Il est également possible que vous ayez des pensées « rapides ». Votre esprit se met alors à travailler à toute vitesse, en sautant d'une idée à l'autre, sans s'arrêter sur un sujet précis.

De nombreuses personnes ont ce problème pendant qu'elles font l'amour. Je l'ai surtout constaté chez les gens particulièrement intelligents, car ils sont habitués à passer rapidement d'une idée à une autre. C'est sans doute fort utile au bureau, mais très gênant au lit ; heureusement c'est une habitude qu'il est assez facile de perdre.

Le rythme lent des caresses proposées au cours des exercices vous aidera à calmer votre esprit. Lorsque vous serez passif – une situation favorable aux pensées rapides, en général – les mêmes causes auront les mêmes effets : les caresses douces et légères apaiseront votre esprit.

Enfin, il peut vous arriver de projeter l'acte sexuel comme un travail ou une performance à accomplir, ce qui constitue un obstacle évident au plaisir. Ne vous est-il jamais arrivé de penser « J'ai été nul » ou « Génial, j'ai réussi à jouir » ? En réagissant ainsi, c'est comme si tout se passait dans la tête plutôt que dans le corps. Comme si vous ne parveniez pas à « descendre » au plus profond de vos sensations. L'orgasme devient alors votre seul objectif, et vous prêtez à peine attention à ce que vous ressentez *avant*.

C'est le type de pensées le plus difficile à combattre, car il mène souvent à « l'angoisse de la performance ». Vous êtes alors obsédé par l'idée qu'on vous regarde – vous juge – ou que l'acte amoureux doit conduire à autre chose qu'au plaisir (par exemple que, de votre « performance », dépend la suite de votre histoire). Certains de mes patients ou patientes jaugeaient l'estime qu'ils avaient d'eux-mêmes à l'aune de leurs performances sexuelles. S'ils croyaient ne pas avoir « assuré », ils étaient extrêmement abattus. Par contre, d'autres considéraient leurs performances amoureuses comme un moyen de se forger une image d'amant parfait, ou de faire durer leur couple. Imaginez la pression qui doit peser sur leurs épaules lorsqu'ils entrent dans un lit !...

Cette angoisse de la performance sévit également lorsque vous vous posez des questions sur le plaisir que ressent votre partenaire ou si vous essayez de deviner ses pensées.

Cela peut prendre différentes formes : « Est-ce qu'elle a vraiment joui ? » ou « Les femmes qu'il a connues avant moi étaient-elles de meilleures amantes ? ».

Cette sorte de pensées est à l'évidence désastreuse pour le désir et le plaisir. Et il est indiscutable que l'angoisse de la performance est directement, ou indirectement, responsable de la plupart des problèmes sexuels.

Si vous avez toujours considéré le sexe comme une épreuve, n'espérez pas changer d'approche du jour au lendemain. Il vous faudra patienter avant de comprendre que faire l'amour n'est pas un devoir, mais *avant tout* un plaisir.

« Si je m'applique, je vais réussir » – est une méthode qui fonctionne dans pas mal de situations mais certainement pas en amour, bien au contraire, une telle attitude peut conduire directement à l'échec.

SI LA PRESSION EST RÉELLE ?

L'angoisse de la performance peut provenir d'une source qui vous est extérieure, l'attitude de votre partenaire peut également en être la cause, mais la pression que vous ressentez est, elle, cependant, bien réelle.

« Mettre la pression » sur la personne avec qui on fait l'amour peut se manifester de diverses façons.

La moins discrète et la plus identifiable est la pression verbale. Elle fonctionne souvent à travers un questionnement – même s'il est tendre et gentil : « As-tu envie de moi ? » « Est-ce que tu as joui ? » « Tu n'as pas joui ? Pourquoi ? »

Un soupir, un regard, ou une expression surprise sur le visage de votre amant(e) peut tout autant vous déstabiliser.

Que faire alors ?

Les exercices sensoriels vont vous être d'un grand secours.

Concentrez-vous uniquement sur vos sensations sans vous soucier de votre partenaire. Vous vous détacherez alors progressivement de l'obsession de la performance, et parviendrez à mieux communiquer avec lui (elle).

Par contre, si la pression verbale reste constante, il serait probablement judicieux qu'ensemble vous vous en ouvriez à un sexologue ou un psychologue.

Maintenant vous connaissez parfaitement les principes de la relaxation et des caresses sensorielles, vous êtes donc fin prêt à entreprendre les exercices, à découvrir votre corps et à explorer l'univers du plaisir.

Au fil du temps, vous remarquerez que, peu à peu, sera éliminée en vous toute angoisse de la performance. Vous apprendrez à penser à vous et non à projeter vos pensées sur l'autre. Alors concentré sur ce que vous ressentez, l'esprit entièrement occupé de votre propre plaisir, vous oublierez tout ce qui n'est pas le moment présent.

3

La géographie de votre corps

A présent, vous pouvez vous lancer dans les premiers exercices sensoriels, car vous êtes fin prêt à découvrir l'immense étendue des possibilités sensuelles que recèle votre corps.

Et, surtout, ne perdez pas de vue qu'il est nécessaire que vous y consacriez un certain temps en solo avant d'entreprendre les exercices à pratiquer en couple.

Donc dès aujourd'hui, et ce chaque jour, entreprenez d'effectuer les exercices centrés sur la respiration et les muscles du bassin. Quant à ceux qui concernent les « pics » et les « plateaux » – je vous expliquerai bientôt ce que j'entends par là –, faites-les au minimum une fois – et plus si cela vous est possible. Vous devez absolument vous accorder du temps, et ce en solo, pour apprendre à atteindre des niveaux d'excitation de plus en plus élevés, avant de mettre en pratique ces nouvelles méthodes avec votre partenaire.

Cela vaut surtout pour les femmes, car, dans mon métier, beaucoup de celles que j'ai rencontrées n'avaient jamais réellement touché leurs zones érogènes, et certaines, même, jamais eu la curiosité de regarder leur sexe. Trop peu d'entre elles savent ce qui peut vraiment leur donner du plaisir, c'est en principe une des raisons pour lesquelles elles n'atteignent que difficilement, voire pas du tout, l'orgasme. Il est facile d'y remédier et les exercices de « pics » sont tout à fait aptes à changer radicalement l'approche qu'ont ces femmes de leur sexualité, de plus ils peuvent se révéler tout aussi utiles aux hommes. Il est important d'apprendre à connaître son corps et ses réactions, et à se donner à soi-même du plaisir.

Les exercices décrits ci-dessous ont pour but essentiel de préparer votre corps au plaisir et d'ainsi vous emmener faire vos premiers pas sur le chemin d'une sensualité sans limites.

Exercice 1 : respiration abdominale

C'est un exercice de respiration fort simple. Essayez d'y consacrer une dizaine de minutes par jour. Lorsque vous faites l'amour, la respiration joue un rôle essentiel. En fait, il est quasiment impossible d'atteindre une intense excitation si vous respirez mal. En effectuant régulièrement cet exercice, votre rythme cardiaque ralentira et votre tension artérielle baissera. Vous serez alors suffisamment détendu(e) pour passer aux suivants.

Voici en quoi consiste la respiration abdominale : allongez-vous confortablement sur le dos, posez une main sur votre ventre, inspirez lentement par la bouche, puis expirez, toujours lentement, vous allez sentir votre abdomen gonfler, puis se vider de l'air qu'il a emmagasiné.

Effectuez deux ou trois respirations abdominales, puis respirez normalement pendant deux à trois minutes, et recommencez à inspirer et expirer « par le ventre ». Comptez trois secondes entre l'expiration et l'inspiration. Mais dans le sens inverse, ne vous arrêtez pas – l'inspiration et l'expiration ne doivent pas être dissociées.

Exercice 2 : respiration relaxante

Si vous êtes particulièrement anxieux ou si vous menez une vie stressante, effectuez également l'exercice suivant. Expulsez l'air de vos poumons par le nez, et ce le plus rapidement possible. Puis, inspirez, toujours par le nez mais *lentement*. Imaginez que vous caressez l'intérieur de vos poumons avec l'air. Relâchez vos muscles abdominaux. Lorsque vos poumons sont à nouveau remplis, ne retenez pas votre respiration, et expirez très lentement.

Répétez cinq ou six fois l'opération. Votre rythme cardiaque en sera considérablement ralenti et votre tension s'abaissera de façon notable. S'il est bien fait, cet exercice va vous amener à la détente nécessaire pour passer aux suivants.

EXERCICE 3 : MUSCLE PC : EXERCICE QUOTIDIEN

Il est important d'exercer quotidiennement les muscles de votre bassin, en particulier le PC (ces initiales recouvrent le nom barbare d'un ensemble de muscles appelés « pubococcygiens »), lequel se situe « sous » le bassin, dans une zone appelée plancher pelvien – ne vous inquiétez pas, c'est beaucoup plus simple qu'il n'y paraît.

Ce muscle est celui qui se contracte lors de l'éjaculation chez l'homme. Chez la femme, il provoque les spasmes de l'orgasme – c'est également lui qui donne la sensation que le vagin se « resserre ».

Le PC joue un rôle important dans le plaisir. Si vous prenez soin de l'exercer chaque jour, la région pelvienne en sera plus musclée, plus « forte », une plus grande quantité de sang affluera vers vos parties génitales et lorsque vous ferez l'amour vos sensations en seront décuplées. Un muscle PC bien entraîné permet d'avoir des orgasmes très intenses, donc infiniment comblants. Il permet même d'éviter ou d'atténuer les problèmes de vessie et de prostate. C'est d'ailleurs en s'intéressant à ceux des femmes enceintes que ce muscle a été « découvert ».

Avant de travailler sur ce fameux PC, vous devez d'abord le repérer.

Si vous êtes un homme, placez un ou deux doigts sous vos testicules, imaginez que vous êtes en train d'uriner, et essayez de vous retenir en contractant brusquement vos muscles, vous avez agi sur le muscle PC, (votre pénis et vos testicules ont bougé légèrement lorsque vous l'avez contracté).

Vous êtes une femme, placez un ou deux doigts sur

vos petites lèvres, ou insérez deux phalanges d'un doigt à l'intérieur du vagin, et puis contractez-vous comme si vous étiez en train d'uriner et vouliez vous arrêter : vous venez de localiser votre muscle PC. Essayez alors de le faire travailler tout en détendant les muscles des cuisses et du ventre.

Maintenant que vous avez repéré le muscle PC, je vous propose un exercice quotidien :

Trois fois par jour, contractez-le pendant deux secondes. Puis relâchez, et respirez le plus normalement possible. Commencez par 6 contractions, pour en arriver à 25 au bout d'environ quatre mois d'entraînement. Vous pouvez faire cela à n'importe quel moment de la journée : sous votre douche, en regardant la télé, aux toilettes, etc. Couplez cet exercice avec une activité quotidienne, laquelle vous rappellera qu'il est temps pour vous de faire travailler votre PC.

La plupart des gens commettent au début deux erreurs. La première : ils font trop de contractions d'un coup, ou trop souvent dans la journée, mais comme ses pareils le muscle PC peut en être alors extrêmement endolori. La seconde erreur est de contracter d'autres muscles en même temps. Pendant cet exercice, vos abdominaux, les muscles de vos fesses et de vos cuisses doivent rester parfaitement détendus. Au début, vous éprouverez sans doute quelques difficultés, mais avec le temps et de l'entraînement, vous apprendrez à bien isoler votre PC.

Il est inutile de garder un doigt sur le PC pendant l'exercice. Vous sentirez parfaitement ses contractions. Si vous ne parvenez pas à le localiser au début, laissez votre doigt dessus, ou exercez-vous pendant que vous urinez, en essayant de vous arrêter brusquement.

Environ trois semaines d'exercices quotidiens seront nécessaires pour fortifier votre PC. Mais surtout, entretenez-le chaque jour car vous allez rapidement comprendre combien il est utile.

Exercice 4 : muscle PC : exercice poussé

Au bout de trois semaines, vous pouvez passer à l'exercice suivant : aux vingt-cinq contractions rapides, ajoutez-en dix lentes. Essayez de bander progressivement votre muscle en cinq secondes, gardez la tension pendant cinq secondes encore, puis relâchez lentement, en cinq autres secondes. Il vous faudra sans doute des jours ou des semaines pour y réussir parfaitement – l'idéal étant d'arriver à dix contractions lentes – mais surtout, prenez tout votre temps et ne vous découragez pas, car le muscle PC est un de vos meilleurs alliés pour parvenir aux sommets du plaisir.

Exercice 5 : mouvements du bassin

Les deux exercices suivants ont pour but de détendre les muscles de la région pelvienne, notamment ceux des hanches, des cuisses et des fesses. Ils relaxeront aussi votre dos. Trop de tension musculaire dans le bassin et les zones voisines peut constituer un réel obstacle au plaisir.

Le premier mouvement que je vous propose est *linéaire,* il peut se faire couché ou debout. Debout, écartez les pieds de la largeur des épaules et faites lentement aller votre bassin d'arrière en avant, sans bouger une autre partie de votre corps.

Allongé, pliez les genoux et faites aller lentement vos fesses de bas en haut – ce doit être la seule partie du corps qui quitte le sol. Répétez ce mouvement une vingtaine de fois. Puis détendez-vous complètement, et respirez régulièrement.

L'autre mouvement est de même nature, mais *circulaire.* Couché ou debout, faites tourner lentement vos hanches, à un rythme régulier. Si vous n'y arrivez pas très bien, vous pouvez au début utiliser un hula-hoop. Effectuez ce mouvement à différentes vitesses, parfois même très lentement. Ensuite, associez les mouvements linéaires et circulaires, pendant une dizaine de minutes chaque jour. Si cela peut vous aider, n'hésitez pas à les faire en musique. Pour mieux sentir votre corps, vous pouvez fermer les yeux.

UTILISATION D'HUILES ET DE LUBRIFIANTS POUR DES CARESSES PLUS SENSUELLES

Dans l'exercice qui suit, et dans de nombreux autres, je vous suggère d'utiliser une crème, une lotion ou un lubrifiant. Cet « accessoire » intensifiera agréablement votre plaisir : vous profiterez au maximum des caresses et la sensation agréable qu'elles vous procureront subsistera, même lorsque vous aurez terminé.

Pour ma part, je préfère l'huile de paraffine, elle est plus chaude pour la peau et y reste plus longtemps. La plupart des lubrifiants – notamment ceux utilisés avec les préservatifs – s'évaporent rapidement, procurant ainsi une sensation de fraîcheur.

Certains couples aiment se servir d'huiles parfumées ou comestibles, elles éveillent d'autres sens et peuvent être d'utilisation amusante. Généralement, vous trouverez ce genre de produits dans des boutiques spécialisées (sex-shop par exemple), mais également dans des magasins de produits pour le bain. D'autres préfèrent recourir à un lubrifiant plus naturel, telle l'huile végétale, sans odeur et très agréable sur le corps.

Le choix est grand entre les lubrifiants. Il est important d'en essayer plusieurs pour détecter celui qui vous plaira le plus. Mais vous pouvez également en acheter de différentes sortes et en changer selon l'humeur du moment, ou le genre d'exercice que vous désirez exécuter. Chacun d'eux vous apportera des sensations différentes. Et après tout, la diversité, n'est-ce pas le piment de la vie !

EXERCICE 6 : SE CARESSER SOI-MÊME

Vous allez à présent apprendre à mettre en pratique sur vous-même les caresses sensorielles dont nous avons parlé au chapitre 1.

Munissez-vous du lubrifiant choisi – vous pouvez même utiliser une lotion pour bébé – et choisissez une partie de votre corps, n'importe laquelle – bras, poitrine, cuisse, etc., mettez un peu de lotion au creux de votre main et commencez à vous toucher doucement.

Concentrez-vous sur le point de contact entre votre main et votre peau. Si vous sentez que votre esprit s'égare, ramenez-le sur ce que vous *ressentez*.

Ne vous massez pas, la main doit toujours rester légère. Conservez une respiration régulière. Concentrez-vous sur la température et la texture de votre peau. Que sentez-vous ? Est-ce chaud ou froid ? Lisse ou rêche ? Ferme ou souple ? Si répondre à ces questions vous est difficile, ralentissez le mouvement. Consacrez dix à quinze minutes à cette caresse. Si vous n'y arrivez pas, ou si vous vous sentez gagné par une certaine nervosité, n'insistez pas. Vous avez tout votre temps.

EXERCICE 7 : CARESSER SES PARTIES GÉNITALES

Lorsque vous vous sentirez parfaitement à l'aise avec les caresses simples, poursuivez-les sur des zones érogènes. Attention, il ne s'agit pas de masturbation, contentez-vous de caresser lentement votre sexe, afin de détecter quelles caresses vous procurent le plus de plaisir. Consacrez environ un quart d'heure à cet exercice.

Avant de procéder à ce genre d'attouchements, et surtout si vous introduisez un doigt dans le vagin, lavez-vous bien les mains, coupez-vous les ongles, et assurez-vous qu'ils sont propres. Pour cet exercice, munissez-vous également d'un lubrifiant.

Si vous êtes une femme, déshabillez-vous complètement et allongez-vous ou asseyez-vous dans une position confortable. Enduisez légèrement vos doigts d'un lubrifiant et touchez doucement l'intérieur de vos cuisses, puis vos grandes lèvres. Respirez normalement, et laissez vos muscles détendus – y compris le PC. Ensuite, caressez-vous le clitoris et les petites lèvres toujours lentement, puis introduisez un doigt dans le vagin.

Comme pour chaque exercice de ce genre, concentrez-vous sur le point de contact entre la main et le sexe. Dès que votre esprit s'éloigne de la caresse, faites un effort pour y revenir.

Concentrez-vous sur la température des grandes et petites lèvres, sur les différentes textures et formes, à l'extérieur comme à l'intérieur de votre vagin. Si vous sentez l'excitation vous gagner, et même si c'est jusqu'à l'orgasme, abandonnez-vous au plaisir, mais sachez que ce n'est pas le but de l'exercice. L'important ici est de prendre conscience de votre plaisir, et d'apprendre à connaître votre corps.

Si vous êtes un homme, allongez-vous ou asseyez-vous nu, toujours dans une position confortable. Mettez un peu de lubrifiant sur vos doigts, et caressez doucement votre pénis et les testicules. Gardez un rythme très lent, le but n'est pas d'avoir une érection, mais si c'est le cas, bien entendu ne la retenez pas non plus.

Concentrez-vous sur le point de contact entre votre main et vos parties génitales, sur la température, la texture et la forme de votre sexe. Dès que vous sentez votre esprit dériver, ralentissez votre caresse et ramenez vos pensées sur ce que vous êtes en train de faire. Respirez régulièrement, et détendez les muscles du bassin, y compris le PC.

Après environ un quart d'heure de ces caresses, si vous souhaitez avoir un orgasme ou éjaculer, ne vous retenez pas. Mais ne vous y forcez pas non plus.

Effectuez cet exercice au minimum une fois est indispensable, mais le réitérer plusieurs fois est préférable, car au cours de cette caresse vous allez apprendre à vous concentrer sur le toucher, à respirer calmement et à détendre tous vos muscles – trois bases essentielles pour générer une excitation intense.

Exercice 8 : les pics

Voici ce que j'appelle les « pics » : en vous caressant comme expliqué dans l'exercice précédent, vous apprenez à moduler votre excitation, à la laisser croître et redescendre, pour schématiser : en une succession de pics et de vallées. Vous devez parvenir à contrôler ces variations, ainsi vous deviendrez « endurant » et arriverez à intensifier à un très haut degré votre excitation.

Pour cela, vous devez déterminer quel est votre « niveau » d'excitation. Le plus simple est donc d'imaginer une échelle de 1 à 10. Je sais que cela peut vous paraître terre à terre et technique, et vous vous direz peut-être que c'est contraire à ce que j'ai écrit plus haut concernant la « performance ». Mais il n'est nullement question de *juger* votre excitation. Ces chiffres serviront simplement à la *décrire*. L'important n'est pas le niveau atteint, mais que vous puissiez percevoir la différence qu'il y a entre un niveau et un autre. En d'autres termes, parvenir au niveau 9 n'est pas « mieux » qu'atteindre le niveau 3, et vice versa.

Nous utiliserons cette « échelle d'excitation » tout au long du livre, et je vous assure qu'elle facilitera grandement notre tâche. Lorsque vous y serez habitué, vous ne penserez plus chiffres, mais seulement sensations. Si vous êtes un homme, souvenez-vous que cette échelle signale le niveau de l'excitation, et non pas de l'érection.

Sur cette échelle imaginaire, le niveau 1 correspond à l'absence d'excitation, et le niveau 10 à l'orgasme. Une légère sensation de picotement (chatouillis) sur les parties génitales correspond approximativement aux niveaux 2 et 3. A 4, vous sentez l'excitation vous gagner. A 5 ou 6, vous êtes, disons, moyennement excité. Lorsque vous atteignez les niveaux 7 et 8, votre souffle se fait plus court, votre cœur bat plus vite et vous vous sentez rougir. Le niveau 9 étant le dernier stade avant l'orgasme.

Premier exercice de pics. Le but en est simplement de vous faire prendre conscience de votre niveau d'excitation.

Commencez à vous caresser lentement, en suivant scrupuleusement les conseils donnés plus haut.

Toutes les cinq minutes environ, essayez de déterminer à quel niveau d'excitation vous vous trouvez. N'essayez surtout pas d'atteindre un palier en particulier : contentez-vous d'observer votre excitation, et de l'estimer sur l'échelle de 1 à 10.

Caressez votre sexe comme vous l'aimez, et souvenez-vous que plus votre main sera lente, mieux vous serez concentré sur ses mouvements. Si vous souhaitez ressentir un orgasme à la fin de l'exercice, ne vous en privez pas.

Deuxième exercice de pics. C'est maintenant que vous allez vraiment « atteindre des pics ».

Pour commencer, caressez-vous jusqu'à ressentir un frémissement sensuel entre les jambes, à ce moment-là stoppez tout mouvement et laissez l'excitation redescendre au niveau 1. Puis caressez-vous à nouveau, cette fois jusqu'à atteindre le niveau 5 – pour schématiser, à mi-chemin de l'orgasme.

Interrompez-vous de nouveau, pour redescendre de deux ou trois degrés. Répétez ce cycle plusieurs fois en essayant d'atteindre ainsi les niveaux 6, 7, 8 et 9. Consacrez environ cinq minutes à chaque pic en comptant les phases de montée et de descente. Livrez-vous à cet exercice pendant une vingtaine de minutes. Vous pouvez terminer par un orgasme si vous en éprouvez l'envie, mais ce n'est pas indispensable.

Rappelez-vous les bases décrites lors de la présentation des exercices (lenteur, concentration, détente de tous les muscles, y compris du PC – ces principes sont valables pour quasiment tous les exercices, je ne les répéterai donc pas chaque fois).

Faites cet exercice au moins une fois par semaine, jusqu'à ce que vous soyez capable d'y passer vingt minutes sans problème, en progressant dans les pics jusqu'au niveau 8.

Dans cet exercice comme dans les suivants, laissez-vous toujours le temps de redescendre après un pic, même si vous êtes tenté de « pousser » jusqu'à l'orgasme et d'écourter la séance.

Si vous êtes patient, vous verrez que cette succession de pics va décupler l'intensité de vos orgasmes. Ce « système » permet de libérer les endorphines évoquées au chapitre 2. De plus, ce sera pour vous une excellente préparation pour aborder les exercices à pratiquer en couple.

EXERCICE 9 : LES PLATEAUX

Dans le même style de métaphore, imaginez un plateau : il s'agit de laisser l'excitation atteindre un niveau donné, et d'y rester un certain temps – qui peut aller de quelques secondes à plusieurs minutes. Vous y parviendrez grâce à plusieurs « techniques » : respiration, mouvements du bassin, maîtrise de la pensée et utilisation du PC. Dans un premier temps il est préférable de les utiliser une par une ; lorsque vous les posséderez parfaitement, vous pourrez alors les associer.

Premier exercice de plateaux. Commencez par une caresse sensorielle sur votre sexe, toujours en respectant les principes de base.

Laissez l'excitation monter peu à peu, et ce jusqu'à mi-chemin de l'orgasme. Essayez de vous stabiliser sur ce plateau (niveau 5), en utilisant la respiration : dès que vous vous sentez dépasser le niveau 5, faites deux respirations abdominales, lentes et profondes. Vous constaterez immédiatement une baisse de votre excitation.

Lorsque vous vous sentez un peu trop proche du niveau 4, accélérez à nouveau le rythme de la respiration, et il remontera presque automatiquement ; essayez de tenir entre les niveaux 4 et 5 pendant trente secondes ou plus, en n'utilisant que la respiration pour moduler votre excitation.

Deuxième exercice de plateaux. Cette fois, vous allez exécuter des mouvements du bassin pour vous stabiliser à un niveau donné. Prenons le niveau 6. Caressez-vous et laissez l'excitation vous gagner lentement. Alternez mouvements linéaires et circulaires du bassin lorsque vous approchez du niveau 4. Très vite vous vous sentirez plus excité(e).

Dès que vous avez l'impression d'avoir dépassé le niveau 6, immobilisez-vous. Vous redescendrez alors légèrement, et il vous suffira de recommencer à bouger les hanches pour « remonter », et vous stabiliser au niveau 6. Essayez alors de vous y maintenir une trentaine de secondes, plus si vous le pouvez. Entraînez-vous jusqu'à ce que cela vous soit naturel : plus vous bougez le bassin, plus votre excitation s'intensifie.

Troisième exercice de plateaux. Vous allez désormais utiliser la pensée et vous concentrer sur autre chose lorsque vous vous caressez ou faites l'amour. Jusqu'à maintenant, je vous ai demandé de maintenir votre attention sur l'endroit de votre corps que vous caressiez. Cette fois, vous allez toucher un endroit et penser à un autre.

Caressez-vous jusqu'à atteindre le niveau 6, et même un peu au-delà, puis, sans cesser de vous toucher, concentrez-vous sur une autre partie de votre sexe.

Si vous êtes un homme et dépassez le niveau 6, en vous caressant l'extrémité du pénis par exemple, poursuivez mais fixez votre attention sur une autre partie de votre sexe ou sur vos testicules.

Si vous êtes une femme et dépassez le niveau 6, en touchant votre clitoris par exemple, concentrez-vous alors sur vos petites lèvres.

Lorsque l'excitation retombe au niveau 5, ramenez votre attention sur l'endroit que vous êtes en train de caresser jusqu'à dépasser à nouveau le niveau 6. Essayez de vous y maintenir pendant au moins trente secondes, simplement en déplaçant votre attention d'une partie du sexe à l'autre.

Quatrième exercice de plateaux. Essayez maintenant de vous caresser jusqu'au niveau 7, et même légèrement au-delà. Il vous faudra peut-être plusieurs minutes pour y parvenir, mais vous avez tout votre temps.

Dès que vous pensez avoir dépassé le niveau 7, contractez deux ou trois fois le PC. A chaque contraction, votre excitation s'atténuera légèrement. Lorsque vous êtes en dessous du niveau 6, recommencez à vous caresser jusqu'à 7 et oubliez ce fameux PC. Puis contractez-le à nouveau pour redescendre. Continuez ainsi jusqu'à ce que vous soyez capable de vous maintenir au niveau choisi pendant au moins trente secondes.

Si vous êtes un homme, faites attention à ne pas trop vous servir de ce muscle pour « redescendre » : votre érection risquerait d'en souffrir. Il vous faudra certainement un peu d'entraînement pour en déterminer la limite exacte.

Désormais vous possédez quatre méthodes différentes pour stabiliser l'excitation, alors maintenant essayez de les combiner. D'ici peu, vous serez capable de moduler votre respiration, de bouger votre bassin, d'orienter vos pensées et de contracter votre PC en même temps ; résultat : il vous sera facile de vous maintenir à de hauts niveaux d'excitation, et ce pendant un bon moment.

Essayez de faire chacun de ces exercices deux ou trois fois par semaine, et lorsque vous les maîtrisez bien, combinez-les ensemble progressivement. Cela peut vous paraître compliqué mais, avec de l'entraînement, ces techniques deviendront des automatismes auxquels vous n'aurez même plus besoin de penser.

A présent, vous êtes prêt pour passer aux exercices à partager à deux.

4

Les caresses qui enflamment le corps

Désormais vous possédez une meilleure connaissance de votre corps, il est temps maintenant de vous intéresser d'une nouvelle manière à celui de votre partenaire. La plupart des exercices qui vont vous être proposés doivent nécessairement être abordés par des caresses sensorielles ; en effet, rien ne prépare mieux à l'amour, car, même si votre désir n'est pas très intense, votre corps s'enflammera rapidement.

La plupart d'entre nous pensent qu'il ne faut pas choisir le moment de faire l'amour. L'idée de noter ce genre d'activité sur son agenda, comme on le ferait pour un déjeuner d'affaires ou un rendez-vous chez le dentiste, peut vous paraître tout à fait déplacée, voire vulgaire.

Si vous pensez cela, vous préférerez peut-être attendre d'être dans une phase de désir mutuel, afin que chacun de vous se sente « prêt » pour commencer ces exercices. Je ne vous le conseille pas. Selon moi, il est bon de prévoir un moment à partager ensemble et même de ne pas hésiter à prendre « rendez-vous ». Je sais, par expérience, que le désir s'intensifie au fur et à mesure qu'approche l'heure de ce rendez-vous très particulier. Alors que si vous préférez trouver un moment propice, vous risquez fort d'attendre longtemps ! Je ne prétends pas que faire l'amour doit être programmé – l'inattendu peut être tout à fait extraordinaire –, je pense simplement qu'il faut savoir « prévoir » du temps pour s'adonner à des jeux amoureux.

Les caresses que je vais vous décrire vont stimuler

votre désir – le déclencheront, même, n'est-ce pas une heureuse perspective dans ce monde où le rythme effréné de notre vie occulte bien trop souvent le plaisir ? Croyez-moi, une mauvaise organisation de son temps est une des principales causes du manque d'enthousiasme amoureux. La fatigue, le stress et la routine y jouent également leur rôle, bien entendu, mais rien n'est irrémédiable, et c'est, j'en suis sûre, ce sentiment qui vous a poussé à acheter ce livre.

Qu'est-ce que le désir ? A mon avis, personne n'a su correctement le définir, et pourtant, bon nombre de personnes ont conscience d'avoir un problème de ce côté-là.

La libido – autrement dit l'appétit sexuel – n'est qu'un des aspects du désir. De nombreux paramètres peuvent jouer en l'occurrence : la nourriture, l'humeur, les variations hormonales, etc. L'appétit sexuel est comme l'envie de nourriture : il varie selon les moments de la journée, ou les époques de notre vie. Mais une chose est certaine : l'appétit vient en mangeant.

LES EXERCICES SENSORIELS STIMULENT LE DÉSIR

Je vous ai parlé de l'importance qu'a la relaxation sur le désir et l'excitation. Les exercices suivants ont pour but de vous détendre. Mais leur intérêt ne s'arrête pas là, leur nouveauté vous permettra, dans un premier temps, d'échapper à la routine. Et puisque vous allez les « programmer », prévoir du temps pour vous y adonner, ils transformeront l'acte amoureux – et le plaisir – en un des points forts de votre existence.

Par ailleurs, pour qu'ils soient pleinement efficaces, n'oubliez pas d'appliquer les principes déjà énoncés dans le chapitre 1. Rappelez-vous, concentrez-vous entièrement sur vos *sensations* et sur le point précis de contact entre votre peau et celle de votre partenaire. Ensuite, maintenez-vous dans le *moment présent*. Si votre pensée se met à errer sur ce qu'il vous reste à faire ou sur vos occupations professionnelles, ce sera forcément au détriment du désir. C'est la seule et unique façon pour vous d'apprécier pleinement ce que vous faites et ce que l'on vous fait. Et bien sûr, plus cela vous comblera, plus le désir que vous allez ressentir et le plaisir que vous atteindrez en seront décuplés.

Enfin, n'oubliez pas que tout acte est *gratuit.* Vous ne devez rien attendre de votre amant(e). Lorsque vous êtes actif(ve), dispensez les caresses pour votre propre plaisir, sans espérer de réaction de la part de votre partenaire. Et quand vous êtes passif, abandonnez-vous aux sensations procurées, savourez-les sans vous soucier de donner une « réponse » à ce même partenaire.

Exercice 10 : les caresses du visage

Les caresses sensorielles sur le visage sont extrêmement relaxantes. Elles ne sont pas « sexuelles » ; elles ont surtout pour effet de vous préparer à ce qui va suivre.

Avant de commencer. Munissez-vous d'une crème, ou d'une lotion que tous deux aimez particulièrement, tant par sa consistance que par son odeur. L'exercice devra se dérouler au calme, dans une pièce ou personne, ni rien, ne viendra vous déranger pendant au moins une heure. Prévoyez une montre ou une horloge pour en minuter les phases.

Celui, ou celle, qui va tenir le rôle actif doit s'asseoir sur le lit ou sur le sol, dos contre le mur, les jambes écartées, un oreiller posé sur le bas-ventre. Son partenaire s'allonge entre ses jambes, sur le dos, sa tête posée sur l'oreiller. Selon votre préférence, vous pouvez effectuer cet exercice habillé, nu, ou presque nu.

Vous êtes actif. Caressez doucement le visage de votre partenaire. Utilisez les principes sensoriels enseignés au chapitre 1. Soyez attentif à la température, la texture et la forme de son visage, et ce en vous servant de tous vos doigts ou d'un seul doigt, du dos ou de la paume de votre main. Rappelez-vous : ce n'est pas un massage, ne pensez qu'à vos sensations lorsque vous touchez sa peau ou ses cheveux.

Caressez son visage pendant une quinzaine de minutes – passez vos doigts sur son front, ses joues, l'arête du nez, son menton, son cou et ses oreilles. Si vous sentez que l'ennui menace, ou si vous ne parvenez plus à vous concentrer suffisamment, ralentissez le rythme et attachez-vous aux moindres détails, par exemple : à ce que vous ressentez en passant un doigt sur ses sourcils ou sur ses lèvres.

Si vous avez la sensation que votre partenaire plonge dans une douce somnolence, donnez-lui une légère tape sur l'épaule. Si vous sentez l'excitation, même de manière à peine perceptible, vous gagner, prenez une profonde inspiration et laissez-la se diffuser dans votre corps. Ne cherchez pas à la dissiper ; n'essayez pas non plus de l'intensifier par des artifices.

Vous êtes passif. Pendant que votre partenaire vous caresse, concentrez-vous sur le point précis où ses doigts rencontrent votre peau. Eprouvez-vous une sensation de chaleur, de détente ? Est-ce que vous êtes émoustillé(e) ? Dès que votre esprit commence à dériver, ramenez-le à ces sensations. Tant que vous prenez du plaisir à ce contact, ne parlez pas. Ne réagissez que si votre partenaire fait quelque chose qui vous est désagréable.

Rappelez-vous, c'est un exercice gratuit – vous êtes libre de savourer les caresses sans donner de réponse en retour. Essayez de détendre vos muscles au maximum. Restez sans réaction, ne bougez pas, ne soupirez pas, ni ne gémissez, ne faites rien pour laisser entendre à votre partenaire que vous aimez ce qu'il ou elle fait.

Si à ce moment-là vous sentez l'excitation vous envahir, respirez profondément et laissez-la se propager dans votre corps.

Au bout de quinze ou vingt minutes, échangez les rôles et répétez l'exercice. Ensuite, allongez-vous l'un près de l'autre et, ensemble, faites des respirations abdominales, pendant deux ou trois minutes.

N'est-ce pas très agréable ? Les caresses sur le visage procurent à certaines personnes un sentiment de douceur et de bien-être qu'ils n'ont plus ressenti depuis l'enfance. Elles ramènent à la sensualité de base, au plaisir pur. Sans ce retour aux besoins primaires du corps, l'acte d'amour ne pourra jamais réellement nous combler.

EXERCICE 11 : LES CARESSES SUR LE DOS

La caresse dispensée sur le dos est un exercice plus poussé que le précédent. Si vous vous y adonnez nu(e), il peut s'avérer très excitant. Il s'agit de caresser l'ensemble du dos, des épaules aux pieds, et si vous le souhaitez les fesses, mais pas le sexe de votre partenaire. Pour ce, installez-vous dans votre lit, ou dans tout autre endroit aussi confortable.

Avant de commencer. Munissez-vous de talc ou d'une quelconque poudre à condition qu'elle soit à votre goût et prévoyez de consacrer une quarantaine de minutes (vingt minutes chacun) à cet exercice.

Quand vous êtes actif. Saupoudrez de talc le dos de votre partenaire, des épaules jusqu'aux pieds.

Allongez-vous près de lui, presque contre lui, puis caressez doucement chaque région du dos, les épaules, les bras, le dos, les fesses, les cuisses et les mollets (encore une fois, rappelez-vous qu'il ne s'agit pas d'un massage).

Tout d'abord, caressez avec légèreté et d'une main la moitié supérieure du corps, ensuite changez de position et passez à l'autre moitié. Si vous préférez vous asseoir près de votre partenaire pour le caresser des deux mains, faites-le. Mais ne vous installez pas dans la position d'un masseur, c'est-à-dire penché sur lui (ou elle). Il est impératif que vous soyez, vous-même, très à l'aise.

Concentrez votre attention sur vos sensations et sur ce que ressentent vos doigts, le dos ou la paume de votre main. Faites très attention aux différences perçues selon la partie de la main qui est en contact avec la peau de votre partenaire. Attardez-vous sur les courbes de son corps et sur les endroits qui vous paraissent particulièrement « intéressants » – par exemple, là où le dos laisse la place aux fesses, puis où les fesses deviennent les cuisses. Prêtez attention au sens des poils, sur les jambes et les bras. De caresser amoureusement la nuque, la colonne vertébrale ou le haut des cuisses, juste sous les fesses, va vous être, j'en suis certaine, particulièrement délicieux.

Si vous sentez que votre esprit se met à gambader, faites un effort de concentration. Si vous avez peur de vous ennuyer, fermez les yeux et ralentissez votre caresse. Touchez toujours votre partenaire pour votre propre plaisir, sans vous soucier de ce qu'il ou elle pense. Si vous sentez l'excitation monter, alors inspirez profondément.

Si votre partenaire s'endort, réveillez-le d'une légère tape sur l'épaule : il serait dommage qu'il passe à côté du plaisir que peuvent lui procurer de telles caresses.

Si vous sentez qu'il ou elle se tend, tapotez légèrement la zone corporelle qui vous semble contractée.

A la fin de l'exercice, utilisez vos cheveux, votre poitrine ou votre corps tout entier pour caresser votre partenaire quelques minutes. Puis couchez-vous sur lui, ou contre lui, et prenez-le dans vos bras pour que le moment où s'arrête la caresse ne lui soit pas trop brutal.

Quand vous êtes passif. Allongez-vous sur le ventre, les bras et les jambes légèrement écartés, dans la position le plus confortable possible et détendez-vous pour profiter pleinement des caresses qui vont vous être prodiguées. Concentrez-vous sur le point de contact entre votre peau et la main de votre partenaire. Ne laissez pas votre esprit dériver, maintenez-le dans le moment présent. Si quelque chose vous dérange, dites-le, sinon ne bougez surtout pas. Si vous sentez l'excitation vous gagner, respirez profondément. Ne la combattez pas, mais ne la recherchez pas non plus à tout prix.

Détendez-vous complètement, si certains de vos muscles se contractent votre partenaire les tapotera doucement (n'oubliez pas de détendre également votre muscle PC).

Lorsque l'exercice est terminé, restez allongés l'un près de l'autre quelques minutes.

Lorsque je fais cet « exercice » (qui pour moi n'en est

plus un) je me serre contre mon mari et le caresse d'une main, ensuite je change de position pour parvenir à toucher ses jambes et ses pieds. En général, j'utilise du talc – ce que je trouve très excitant – pour éviter d'éventuels problèmes de transpiration, de plus, il permet d'adoucir les caresses.

Même si cela vous tente, évitez de « tricher » et ne touchez pas le sexe de votre partenaire au cours des caresses concernant le dos. Si vous entreprenez des parties du corps qui ne sont pas concernées par l'exercice, vous vous projetez en quelque sorte dans le futur, alors qu'il vous faut rester dans le moment présent. Par ailleurs, il vous sera difficile de vous concentrer sur vos propres sensations, ce qui est une priorité ici. Avant d'aborder le plaisir sexuel, il faut impérativement *découvrir* le plaisir sensuel.

Exercice 12 : les caresses faciales

Si vous êtes impatient de vous occuper du sexe de votre partenaire, l'heure en est enfin venue. Mais, pour les raisons que je viens d'invoquer, il ne faudra pas y passer plus de temps que sur les autres zones corporelles. Vous allez donc passer aux caresses dispensées sur « le côté face » et ce, des épaules aux pieds. Pour cela, il est préférable que tous les deux vous soyez nus.

Commencez à dispenser des caresses sur le dos de votre partenaire, pendant cinq ou dix minutes – cela vous aidera tous deux à vous concentrer et à vous détendre.

Avant de commencer. Munissez-vous de talc, d'huile de paraffine, et d'une serviette-éponge. Chacun de vous sera actif pendant une vingtaine de minutes.

Quand vous êtes actif. Saupoudrez de talc le corps de votre partenaire, des épaules aux pieds.

Choisissez une position confortable et qui vous assurera le plus grand contact possible avec l'autre. Vous devez toujours garder une main sur son corps de manière à ne pas le surprendre ou le perturber en le touchant lorsqu'il ne s'y attend pas. Caressez-le pour votre propre plaisir, d'une main lente et légère sur l'ensemble du corps, épaules, poitrine, bras, ventre, sexe, cuisses et jambes. Concentrez-vous bien sur le point de contact. Variez vos attouchements pour trouver ceux qui, pour vous, se révéleront les plus sensuels.

Si vous vous ennuyez un peu, fermez les yeux et ralentissez votre caresse.

Lorsque vous aurez atteint les pieds, remontez lentement vers le sexe. Versez alors un peu d'huile dans votre main et caressez cet endroit pendant quelques minutes, ensuite, essuyez doucement vos mains (et son sexe) puis remontez vers les épaules.

Comme dans tous les exercices sensoriels, il n'existe pas de bonne ou de mauvaise manière de s'y prendre. Faites ce qui vous plaît le plus. S'il, ou elle, se crispe, tapotez-le doucement pour lui rappeler de se détendre. Comme déjà conseillé, si vous êtes excité, respirez profondément pour en diffuser la sensation dans tout votre corps.

Au bout d'une vingtaine de minutes, caressez entièrement votre amant(e) avec vos cheveux, votre poitrine ou votre corps. Puis allongez-vous sur lui, ou à côté, pour mettre fin à l'exercice.

Prenez quelques instants votre partenaire entre vos bras avant d'échanger les rôles.

Etant donné que cet exercice expose la poitrine et le sexe, certaines personnes peuvent ressentir une légère tension ou se sentir anxieux. Vous aiderez votre partenaire à se détendre en ralentissant le rythme des caresses, en respirant profondément, régulièrement, et en dessinant lentement de larges cercles sur son ventre. S'il ou elle ne se détend toujours pas, essayez alors de caresser son visage ou son dos.

Quand vous êtes passif. Allongez-vous sur le dos dans une position confortable, les bras et les jambes légèrement écartés, et suivez les mêmes principes de décontraction et de concentration que pour les exercices précédents.

Si quelque chose vous dérange, dites-le, sinon ne

bougez pas. Si vous sentez l'excitation vous envahir, abandonnez-vous-y.

Lorsque c'est terminé, couchez-vous l'un près de l'autre et effectuez quelques respirations abdominales en même temps.

Exercice 13 : les caresses du sexe

Pour cet exercice munissez-vous de talc et de lubrifiant, pour retenir le plus agréable et le plus sensuel il vous faudra bien sûr procéder à quelques essais, et de préférence sur une partie pas trop sensible de votre corps, car certaines personnes peuvent souffrir d'allergies.

Avant d'entreprendre les exercices qui se pratiquent en duo, il est indispensable, pour chacun de vous, de bien connaître le sexe de l'autre, et ce dans tous ses détails, même et surtout les plus intimes et les plus secrets.

Le sexe féminin est composé : du mont de Vénus, clitoris, grandes et petites lèvres et, bien sûr, du vagin. Si vous ne parvenez pas à localiser certains endroits, reportez-vous à l'annexe jointe où vous sont proposés des croquis détaillés.

Plus tard, je vous expliquerai comment repérer le point Grafenberg, communément appelé point G, qui lui est invisible de par l'endroit où il se trouve (certaines femmes elles-mêmes ont du mal à l'atteindre).

Le sexe masculin, totalement visible, comporte : le pénis, le gland, le frein, la hampe et les testicules. Si là aussi vous avez quelques doutes, comme pour la femme, reportez-vous à l'annexe.

Lorsque tous ces endroits vous seront familiers, désignez-les à l'attention de votre partenaire.

Vous êtes une femme, asseyez-vous confortablement, jambes écartées et appliquez du lubrifiant sur votre sexe, puis, comme expliqué plus haut, désignez-en chaque partie à l'attention – sensuelle – de votre partenaire (si cela peut vous aider, n'hésitez pas à utiliser un miroir).

Puis demandez-lui d'imprégner son doigt de lubrifiant et de l'introduire dans votre vagin tout d'abord sur deux ou trois centimètres. Contractez le muscle PC pour qu'il puisse repérer l'endroit exact où il se cache. Ensuite, demandez-lui de l'enfoncer un peu plus en vous et de toucher les parois de votre vagin pour lui permettre de bien en percevoir la texture très particulière.

Pour aider votre partenaire à trouver votre point G, demandez-lui de tourner la paume de la main vers le haut puis de glisser le majeur à l'intérieur du vagin, et ce le plus loin possible, alors il devra recourber son doigt comme s'il voulait « toucher » votre mont de Vénus de l'intérieur. L'endroit qu'il trouve alors, et qui vous procure un intense sentiment de plaisir, n'est autre que le fameux point G. Un peu plus « rugueuse » que les autres parois, cette zone a à peu près la taille d'une pièce de un franc. Demandez alors à votre partenaire de bouger doucement son doigt, comme pour caresser ce point G. Il le sentira alors se gonfler légèrement et se mettre doucement à palpiter.

Vous êtes un homme : asseyez-vous jambes écartées, appliquez un peu de lubrifiant sur votre sexe et énumérez les diverses parties qui le composent. Si vous n'êtes pas circoncis, montrez-lui comment elle doit s'y prendre pour le décalotter. Expliquez-lui ce qu'est le frein (une petite membrane très sensible, située juste sous le gland), les testicules et le périnée.

Maintenant que chacun connaît parfaitement l'anatomie de l'autre, vous êtes prêts à vous aventurer vers des caresses plus poussées.

Avant de commencer. Dispensez-vous à tour de rôle des caresses pendant quelques minutes. Pour l'exercice proprement dit, prévoyez environ trois quarts d'heure.

Quand vous êtes actif. Votre partenaire est un homme. Commencez par une courte caresse sur son visage puis dirigez-vous peu à peu vers son sexe. N'essayez pas de l'exciter, faites-vous simplement plaisir. Concentrez-vous sur votre main et ses mouvements. Si vous sentez vos gestes devenir trop mécaniques, ou si vous avez tendance à stationner au même endroit, ralentissez le rythme et prêtez une attention particulière à la température de la peau, à cet endroit stratégique, ainsi qu'à la texture de ses différentes parties. Si vous avez l'impression que votre compagnon se contracte, tapotez légèrement le muscle qui vous paraît tendu.

Votre partenaire est une femme, n'hésitez pas à user largement de lubrifiant, et passez lentement les doigts sur ses grandes et petites lèvres, son périnée et son clitoris. Puis introduisez doucement un doigt à l'intérieur de son vagin. Caressez le muscle PC et l'intérieur des parois vaginales.

Enfoncez un peu plus votre doigt et caressez tendrement le point G jusqu'à ce qu'il gonfle et commence à palpiter.

Pendant que vous vous prodiguiez ces caresses, vous étiez assis l'un à côté de l'autre, à présent, allongez-vous entre ses jambes pour bien voir les endroits que vous touchez.

Pour un homme, imprégnez vos mains de lubrifiant et caressez lentement le pénis et les testicules. Qu'il ait une érection, ou non, n'a aucune importance pour l'instant. Si l'excitation est si forte qu'il ne peut se retenir d'éjaculer, essuyez-le tendrement avec une serviette et reprenez vos caresses.

Quand vous êtes passif. Allongez-vous sur le dos, jambes légèrement écartées et yeux fermés. Même si vous vous sentez très excités, obligez-vous à rester passif pendant cet exercice. Vous verrez : il est tout à fait possible d'avoir un orgasme sans bouger ni réagir.

Détendez vos muscles, y compris le muscle PC. Concentrez-vous sur vos sensations. Ne parlez pas, sauf si les caresses vous dérangent ou vous sont désagréables.

Lorsque l'excitation monte, inspirez profondément. Si vous vous sentez sur le point de jouir, abandonnez-vous au plaisir – mais comme précédemment, ce n'est pas indispensable. Si vous ne ressentez pas grand-chose, ne vous inquiétez pas. Beaucoup de personnes considèrent cette caresse comme plus sensuelle que sexuelle.

Au bout de vingt minutes, allongez-vous côte à côte, et pendant quelques instants accordez vos respirations.

Avant d'échanger les rôles, vous pouvez évoquer ce que chacun de vous a aimé pendant cette partie de l'exercice.

Celui qui est passif peut même demander une « prolongation » et guider la main de l'autre pour lui montrer exactement ce qu'il préfère.

EXERCICES SENSORIELS ET *SAFE SEX*

Le prochain exercice concerne les caresses bucco-génitales.

Vous ne l'ignorez certainement pas, cette pratique comporte certains risques, notamment une éventuelle transmission du sida (idem pour la pénétration sans préservatif).

Avant d'effectuer les exercices comportant une caresse buccale ou une pénétration, je vous conseille vivement de faire tous deux un dépistage du sida et autres maladies sexuellement transmissibles. Si vos tests s'avèrent négatifs mais que malgré tout vous n'êtes pas tranquille, utilisez des préservatifs pendant trois mois puis faites un deuxième dépistage, car le virus n'est détectable, au cas où vous auriez été contaminé, que trois mois après les rapports.

Si je n'ai pas eu recours à ces pratiques de *safe sex* dans cet ouvrage, c'est tout d'abord parce que je l'ai écrit en pensant aux couples qui se connaissent depuis longtemps, donc en supposant que le problème du sida ne se posait pas. D'autre part, comme leur nom l'indique, les exercices sensoriels sont axés sur les sensations. Or le préservatif désensibilise le pénis, même si ceux qui sont aujourd'hui sur le marché ont une membrane de plus en plus fine.

Mais surtout ne prenez aucun risque. S'il le faut, utilisez des préservatifs pour effectuer les exercices que je vous propose, ou attendez d'être certain de votre séronégativité.

Si vous devez passer par le préservatif, ne faites pas l'erreur de lubrifier le pénis dans la première partie de l'exercice, puis de mettre le préservatif pour la pénétration : il risquerait alors de glisser ou de se détériorer.

EXERCICE 14 : UNE APPROCHE SENSORIELLE DES CARESSES BUCCALES

Maintenant que vous vous êtes familiarisé avec les caresses sensorielles, vous allez en appliquer les principes aux caresses bucco-génitales. Si vous n'avez qu'une expérience limitée de ces pratiques, vous ne les apprécierez peut-être pas au premier abord. Mais je vous conseille sincèrement d'essayer. Je connais peu de sensations aussi agréables qu'une caresse sensuelle et gratuite faite avec la bouche, car la langue est un organe très sensible, aux possibilités multiples, qui allie le goût au toucher.

Vous allez donc utiliser vos lèvres et votre langue à la manière des doigts. Ne vous fixez aucune limite ni contrainte, faites tout ce qui *vous* est agréable. Il s'agit tout simplement de remplacer la main par la bouche, ce n'est pas plus compliqué que cela. Dispensez les caresses comme déjà expliqué plus haut, lentement, doucement, en vous concentrant sur ce que vous faites et sur ce que vous ressentez, de même, n'attendez aucune réaction particulière de la part de votre partenaire.

Ici, la principale difficulté est d'oublier la manière dont vous prodiguiez ce genre de caresses par le passé, pour adopter définitivement l'approche sensorielle. De nombreuses personnes sont beaucoup trop raides et contractées lorsqu'elles s'y livrent. Pour les apprécier pleinement, il est nécessaire que vos lèvres, votre langue et votre nuque soient parfaitement détendues et relâchées.

Si vous êtes une femme, il est indispensable, avant de vous livrer à ces « jeux buccaux », de signifier à votre amant le goût ou le déplaisir que peut vous causer le fait qu'il éjacule dans votre bouche. Car si l'éjaculation n'est pas un aboutissement obligatoire à cet exercice, il est préférable cependant d'en discuter au préalable. Si cela vous pose un réel problème, arrêtez-vous avant qu'il ne jouisse. Si par contre cela ne vous ennuie pas le moins du monde, lorsque votre compagnon s'est ainsi « épanché », essuyez-le, tout simplement, avant de reprendre l'exercice – mais pour cela, demandez-lui auparavant son assentiment, car certains hommes ne supportent aucun contact sur le pénis après l'éjaculation.

Prévoyez une bonne heure pour cet exercice et commencez-le en échangeant quelques caresses dorsales.

Vous êtes actif. Tout d'abord caressez le visage de votre partenaire, pendant quelques minutes, ensuite descendez vers son sexe et caressez-le d'une main légère.

Lorsque vous avez le sentiment que le moment est venu, penchez-vous sur lui et poursuivez la caresse avec votre bouche.

N'oubliez pas que vous faites cela pour votre propre plaisir et concentrez-vous fortement sur ce que vous ressentez. Vous verrez, vous deviendrez peu à peu attentif aux plus petits détails : les endroits où la peau est plus chaude, plus fragile, plus sensible. Demandez-vous ce que ressentent exactement vos lèvres, votre langue.

Si vous vous surprenez à penser à autre chose, faites un effort pour revenir à ce que vous faites, ou câlinez une autre partie du sexe de votre partenaire, susceptible de retenir plus facilement votre attention. Ne cherchez pas à l'exciter, ni à savoir ce qu'il ou elle pense, ou ressent. Si vous avez peur de vous y prendre mal et si vous cédez malgré vous à la fameuse pression de la performance, n'allez pas plus avant et revenez à une caresse dans laquelle vous êtes plus à l'aise, manuelle par exemple. Si, par contre, vous sentez votre partenaire se contracter, tapotez le muscle tendu de manière qu'il pense à le relaxer. Poursuivez quinze à vingt minutes avant d'intervertir les rôles.

Vous êtes passif. Allongez-vous sur le dos, jambes légèrement écartées, et fermez les yeux. Détendez tous vos muscles, y compris le PC.

Concentrez-vous sur vos sensations. Ne laissez pas votre esprit dériver. Si les caresses de votre partenaire vous dérangent, n'hésitez pas à lui en faire part.

Dès que vous sentez l'excitation vous gagner, prenez une profonde inspiration pour qu'elle se diffuse dans votre corps. Si vous jouissez, n'essayez pas de vous retenir (ni de vous y forcer).

L'exercice terminé, allongez-vous côte à côte et faites ensemble quelques respirations abdominales.

AVANTAGES DE CET EXERCICE DE BASE

Vous réalisez rapidement que ces exercices, pourtant très simples, ont largement accru votre désir l'un pour l'autre. Leur efficacité provient surtout du fait qu'ils vous détendent. Le principe des caresses gratuites ôte toute pression, laquelle peut constituer une entrave certaine à l'excitation et au plaisir. Par ailleurs, le fait que ces exercices soient nouveaux pour vous les rend agréables à exécuter et même amusants. En prévoyant de leur consacrer du temps, et en les programmant, vous redonnez à ces moments intimes une valeur considérable.

Chacun des exercices du prochain chapitre intensifiera encore votre désir, et bien sûr votre plaisir. Prêtez une attention toute particulière à ceux concernant les pics. Mieux vous en maîtriserez la technique, plus sera enivrant pour vous deux le fait de faire l'amour.

Le chemin qui mène au véritable plaisir, et, pourquoi pas, à l'extase, passe par de nombreux paliers. Désormais vous en connaissez bien les bases, c'est pourquoi les deux parties suivantes étudient séparément les sexualités masculine et féminine. Certains exercices sont à effectuer seul, et d'autres à deux. Essayez d'alterner ces derniers (pour lui un soir, pour elle le lendemain), pour mieux prendre conscience, et ensemble, des possibilités offertes par votre corps.

Si vous lisez cet ouvrage en couple, je vous conseille de ne pas laisser de côté la partie concernant votre partenaire. Pour vivre une sexualité pleinement satisfaisante, vous devez connaître et comprendre ce que peut ressentir l'autre, et comment fonctionnent son corps et son esprit (le but du livre n'étant pas de faire de vous le « meilleur coup » du monde). Si vous souhaitez vraiment améliorer l'érotisme dans votre couple et décupler le plaisir que vous pouvez en retirer, c'est une démarche que vous devez faire *ensemble*.

Deuxième partie

LE PLAISIR CHEZ L'HOMME

5

Le cycle du plaisir chez l'homme

Mieux un homme comprend ce qui se passe en lui lorsqu'il fait l'amour, plus il peut profiter du chemin qui le mène à l'orgasme, et même, s'il connaît bien son fonctionnement, bénéficier d'une jouissance prolongée et réellement comblante.

Découvrir comment se comportent ses pairs (c'est-à-dire ce qui est « normal ») peut réellement aider à être plus détendu et à accéder à une plus grande confiance dans ses possibilités sexuelles. Saviez-vous, par exemple, qu'on peut être excité et ne pas avoir d'érection ? Ou qu'une érection ne perdure pas forcément jusqu'à l'orgasme ? Qu'elle peut passer par plusieurs stades pendant que l'homme fait l'amour ? Et même momentanément retomber ? Qu'il est possible d'éjaculer sans orgasme, ou, au contraire, de jouir intensément sans éjaculer ?

Plus vous en saurez long sur les étapes du cycle de votre plaisir, messieurs, plus vous pourrez les franchir avec délices. Les trois chapitres suivants portent sur des conseils et des méthodes pour faire l'amour plus longtemps, améliorer la « qualité » de vos érections et jouir pleinement de vos orgasmes et éjaculations.

LES ÉTAPES DU PLAISIR CHEZ L'HOMME

Les études de Masters et Johnson les ont amenés à penser que l'homme franchissait quatre étapes principales pendant l'acte sexuel : l'excitation, la stabilisation (ou plateau), l'orgasme et la délivrance. Chacune d'elles s'accompagnant de modifications physiologiques – et psychologiques bien entendu – importantes.

La plupart de leurs recherches ont été effectuées en « laboratoire », sur des bénévoles des deux sexes, qui ont accepté de se laisser guider et observer pendant qu'ils faisaient l'amour. Leurs pulsations cardiaques, leur tension artérielle et le rythme de leur respiration ont été enregistrés afin d'étudier quels changements se produisaient en eux lorsque l'excitation les gagnait, et qu'enfin ils atteignaient l'orgasme.

Ils ont noté que la phase d'*excitation* au masculin était accompagnée en général d'une érection, provoquée par un afflux de sang dans le pénis. Lors de la phase dite de *plateau,* le sexe devient alors véritablement rigide et prend une couleur plus sombre, il peut sécréter quelques gouttes d'un liquide clair, dit préséminal, produit par les glandes de Cowper, situées à la base du pénis.

Pendant l'*orgasme,* les muscles longs du corps (bras et jambes principalement) mais également ceux du bassin et le PC se contractent. La respiration, la tension artérielle et les pulsations cardiaques montent en flèche puis redescendent rapidement. Masters et Johnson croyaient que l'orgasme masculin était directement lié à l'éjaculation, sauf si l'homme avait un problème ou si les choses se passaient mal, nous savons aujourd'hui que c'est totalement faux.

Pendant la phase de *délivrance,* le pénis perd sa rigidité et le corps tout entier se met au repos. La plupart des hommes traversent alors une période dite réfractaire – un moment plus ou moins long pendant lequel ils ne peuvent plus être excitables, avoir une érection, et encore moins un orgasme. Cela peut durer de quelques minutes à plusieurs heures sans que ce soit le moins du monde « anormal ».

Helen Singer Kaplan, une sexologue renommée, a ajouté une étape à ce processus : celle du *désir.* Elle la définit comme la phase mentale qui précède l'excitation. Pendant cette phase dite de désir, l'homme fantasme (pense à quelque chose d'excitant) ou a simplement envie de faire l'amour.

On sait désormais que le cycle du plaisir masculin est sensiblement différent de ce modèle. Si en effet certains hommes passent par une phase d'excitation, puis de stabilisation, ou de plateau avant de jouir, c'est loin d'être la règle commune. D'aucuns s'arrêtent sur plusieurs plateaux avant d'atteindre l'orgasme. D'autres ne connaissent pas de période réfractaire, ou pendant un laps de temps très court.

Depuis les travaux de Masters et Johnson, on a également découvert un autre fait important : l'orgasme et l'éjaculation ne vont pas forcément de pair. Certains hommes peuvent jouir sans éjaculer, d'autres avoir plusieurs orgasmes de suite. Tous ces comportements sont absolument *normaux*.

En me basant sur ces découvertes relativement récentes, j'ai choisi de décrire les phases qui, à mon sens, sont les plus importantes : le désir, l'excitation et l'érection. J'expliquerai également la différence qu'il y a entre orgasme et éjaculation. Chacune de ces étapes pouvant être considérée comme indépendante les unes des autres, même si, bien sûr, elles sont souvent liées. Certains hommes peuvent faire l'amour mécaniquement – se maintenir en érection et éjaculer – sans réellement avoir éprouvé de désir.

Pourquoi ai-je voulu séparer les choses ? Paradoxalement, pour vous aider à les réunir. Faire l'amour est un véritable délice lorsque aucune étape n'a été brûlée. Et je crois fermement que le meilleur moyen d'y parvenir est de se familiariser avec chaque composante du plaisir. Notre comportement sexuel, souvent inconscient, ne doit plus avoir de secret pour nous. Certaines étapes sont sans aucun doute plus agréables que d'autres ; ou bien vous réaliserez, en ce qui vous concerne, que telle phase n'est pas aussi satisfaisante que vous l'aimeriez. En travaillant séparément sur chacune d'elles, il vous sera alors facile de concentrer vos efforts sur ce qui vous intéresse plus particulièrement, pour ensuite sélectionner les exercices qui y sont appropriés dans les chapitres suivants.

LE DÉSIR

Une échelle du désir sexuel a été établie par Helen Singer Kaplan. C'est très simple : si vous n'avez pas envie de faire l'amour, si vous vous ennuyez lorsque votre partenaire commence à vous toucher, vous êtes au bas de l'échelle. Et si vous en avez une envie si forte que plus rien d'autre ne compte et qu'il vous faut absolument assouvir ce désir, vous êtes tout en haut.

Il est donc très clair que le désir peut être tout à fait indépendant de l'excitation et de l'érection. Vous pouvez parfaitement entrer en érection sans avoir envie de faire l'amour, tout comme vous pouvez être en train de faire l'amour passionnément, de brûler de désir pour votre partenaire et découvrir que votre érection vous « lâche » brusquement.

Bien entendu dans ce processus, des problèmes psychologiques peuvent intervenir ; si c'est le cas, il est alors préférable de consulter un spécialiste. Mais avant tout, pour accroître votre envie de faire l'amour, prenez le temps de faire et de refaire les exercices sensoriels de base proposés chapitre 4 ou chapitre 3, concernant les caresses, les pics et les plateaux.

L'EXCITATION

L'excitation sexuelle est un concept essentiel, que j'explorerai en profondeur dans les trois chapitres suivants. C'est un long processus, il va d'une simple sensation de frisson entre les jambes jusqu'à l'orgasme et la délivrance.

Vous devez penser à l'excitation comme à un phénomène interne, distinct de l'érection. Lorsque vous êtes excité, votre cœur bat plus vite, votre visage s'empourpre légèrement, votre souffle se fait plus court et, psychologiquement, vous ressentez l'*imminence* de quelque chose. Vous avez *besoin* de quelque chose.

Nombreux sont les hommes pour qui l'apparition de quelques gouttes de liquide incolore au bout du pénis est un signe d'intense excitation. Masters et Johnson, eux, considèrent cela comme une preuve que l'homme a atteint la phase dite de plateau. Au contact de mes patients, j'ai appris que cela coïncidait parfois avec une excitation intense, mais d'autres fois non. Cela peut parfaitement arriver si l'homme est très peu excité, voire pas du tout. En réalité, c'est parce que son PC s'est contracté « accidentellement », qu'a été provoquée l'émission de ce liquide.

Les exercices qui vous aideront à atteindre des niveaux d'excitation de plus en plus élevés sont répertoriés pour la plupart au chapitre 6, « Comment faire durer le plaisir ».

L'ÉRECTION

Lors de l'érection, une abondante quantité de sang afflue dans le pénis.

Il y a quatre phases principales pendant l'érection : l'amorce, le remplissage (terme ni très élégant ni très agréable, je vous l'accorde, mais il faut bien appeler les choses par leur nom), la rigidité et le maintien.

L'*amorce* est une opération uniquement mentale, elle donne à votre corps « l'autorisation » de se préparer. Tout se passe au niveau de l'inconscient – la plupart des hommes ne peuvent maîtriser consciemment leur érection, laquelle reste sous le contrôle de leur système nerveux.

La phase de *remplissage* est celle où le sang commence à affluer dans le pénis, où il gonfle et se durcit. Pour reprendre le principe de l'échelle, le niveau 1 correspondrait à une absence d'érection, les niveaux 2, 3 et 4 à la phase de remplissage.

Des petites valves situées à la base du pénis contrôlent la circulation du sang. La *rigidité* est le moment où suffisamment de sang est passé dans le pénis et où les valves commencent à se refermer pour le garder à l'intérieur. Le pénis est à présent très dur : si vous le poussez vers le bas, il opposera une résistance et remontera immédiatement sur l'échelle de 1 à 10. La rigidité débute à 5. De 6 à 10, le pénis est de plus en plus rigide.

On peut également « mesurer » la rigidité en observant l'angle du pénis avec le corps. S'il est parallèle au ventre et pointe vers le nombril, l'érection est à son maximum. S'il est plutôt perpendiculaire, on peut, bien sûr, en déduire que l'érection n'est pas encore aboutie.

La fermeture des valves permet le *maintien* de l'érection, puisque le sang ne peut circuler ni dans un sens ni dans l'autre. Cependant, c'est un fait absolument normal que la qualité de l'érection varie au cours de l'acte sexuel. Certains hommes voient leur pénis perdre en dureté si leur partenaire ne le stimule plus directement, ce qui ne signifie nullement qu'ils ont des problèmes d'érection. Il est tout aussi normal, pendant l'amour, de « monter et descendre » dans une fourchette de 6 à 10 sur l'échelle imaginaire de rigidité. Il ne faut surtout pas en faire un sujet d'inquiétude.

De même, il est fréquent et normal que l'homme ait besoin d'une stimulation directe de la main ou la bouche de sa partenaire, pour avoir une érection. Certains croient qu'être nus près d'une femme excitante devrait suffire à les « mettre en condition », et si leur pénis ne réagit pas rapidement, ils s'inquiètent véritablement.

En vérité, pour la plupart d'entre eux, il ne suffit pas d'être à côté d'une femme nue pour entrer en érection, même si elle est très à leur goût. Oubliez cela – votre corps n'est pas une machine – et laissez-vous caresser par votre amante sans chercher à savoir combien de temps vous sera nécessaire pour atteindre un certain niveau d'excitation ou d'érection.

En général, un pénis en érection s'adapte parfaitement à la femme qu'il vient combler, avec pour corollaire d'intenses sensations pour les deux partenaires. Sachez simplement qu'un sexe trop « dur » n'est pas forcément l'idéal. Beaucoup de mes patientes estiment, en ce qui les concerne, qu'une érection niveau 8 est parfaite. Il n'existe aucune règle en ce domaine car toutes les femmes sont différentes et leurs anatomies aussi. Quoi qu'il en soit, vous trouverez au chapitre 7 de nombreux exercices pour améliorer sensiblement la qualité de vos érections.

Si vous vous posez ce genre de questions, comparez vos érections lorsque vous faites l'amour avec celles que vous avez au réveil (les érections matinales sont les meilleures qu'un homme puisse espérer avoir), si votre pénis est très dur à ce moment-là et pas autant pendant l'amour, vous avez probablement un problème psychologique, que vous pouvez résoudre en consultant un spécialiste.

Si vous n'avez pas d'érections matinales, cela ne signifie pas nécessairement que vous avez un grave problème. La fatigue, le stress, une humeur dépressive ou le manque d'activité sexuelle peuvent en être la cause. Si cela persiste, consultez, là aussi, un spécialiste.

Bien d'autres paramètres peuvent affecter vos érections : le diabète, par exemple, voire des problèmes liés aux glandes endocrines ou à la circulation du sang. La plupart des drogues jouent également un rôle néfaste en la matière, tout comme l'alcool, la nicotine, les stimulants, certains antidépresseurs, antiallergiques, et médicaments contre l'hypertension ou les ulcères. Si vous pensez que vos soucis viennent de là, parlez-en à votre médecin.

L'ORGASME

L'orgasme chez l'homme n'est donc pas synonyme d'éjaculation. Lorsque vous jouissez, les muscles des bras et des jambes se contractent, votre souffle devient plus court et votre cœur bat plus vite. La tension atteint un certain sommet puis elle est rapidement libérée, ce qui vous procure une merveilleuse sensation de délivrance dans tout le corps.

Psychologiquement, l'orgasme est ressenti comme un soulagement. Votre cou et votre visage rougissent, un intense sentiment de plaisir se diffuse en vous à la manière d'une lumière chaude et bienfaisante et certains organes de la région pelvienne se contractent – la prostate, par exemple.

Même si l'orgasme est toujours au niveau 10 sur l'échelle d'excitation dont nous nous sommes servis plus haut, certains sont plus intenses que d'autres. Vous pouvez très bien ne ressentir que quelques contractions de la prostate et une légère sensation de plaisir. Mais vous pouvez aussi être parcouru par une véritable décharge électrique, haleter et gémir, et sentir tous vos muscles se contracter violemment.

Toutes ces réactions sont normales car le degré d'intensité de la jouissance dépend d'un grand nombre de facteurs.

L'ÉJACULATION

Lors de l'éjaculation, le muscle PC se contracte et expulse le sperme, et ce, pas forcément en même temps que l'orgasme. Certains hommes ont des orgasmes très puissants sans éjaculer. D'autres éjaculent mais n'éprouvent aucune des sensations dont nous venons de parler, et parfois même aucun plaisir. Pour la plupart cependant, orgasme et éjaculation vont de pair. Il est toutefois possible de se concentrer séparément sur ces deux réactions, et ainsi de mieux les apprécier comme nous le verrons chapitre 8.

L'éjaculation peut se diviser en deux phases : l'émission et l'expulsion. Apprendre à connaître ces différences subtiles aura pour résultat d'intensifier le plaisir.

L'émission est la phase où le sperme passe dans le canal déférent et s'accumule à la base du pénis. Psychologiquement, cela correspond au « point de non-retour », c'est-à-dire à l'impression que plus rien ne peut empêcher l'éjaculation.

L'expulsion : le sperme est projeté hors du pénis par les contractions du PC. Si vous êtes très attentif à ces moments-là, vous parviendrez à en distinguer nettement les deux phases et à profiter beaucoup plus pleinement du plaisir qui vous est donné.

N'oubliez pas que les réactions masculines pendant l'amour sont très variées. Et si vous n'avez pas le sentiment de correspondre aux schémas établis par Masters et Johnson, ne vous inquiétez surtout pas. Dans tous les domaines, ce sont nos différences qui font de nous des êtres uniques.

6

Comment faire durer le plaisir

Aimeriez-vous rester à de hauts niveaux d'excitation, et ce aussi longtemps que vous le souhaitez ? Avez-vous déjà essayé, sans y parvenir, de faire très longtemps l'amour à votre compagne ? Les exercices suivants vont vous y aider. Tranquillement et sans pression, vous allez découvrir des techniques qui vont vous permettre de réussir ce que vous avez toujours rêvé sans jamais y parvenir.

Tous mes patients sont d'accord : ça marche vraiment. Tel Tony, dont je vous livre les commentaires :

« Il m'arrivait de faire l'amour aussi longtemps que je le souhaitais, mais parfois, j'avais l'impression d'éjaculer avant même d'avoir commencé. Grâce aux exercices, je suis capable désormais de prévoir mes réactions et je ne suis plus confronté à de mauvaises surprises ou à des déceptions. »

EXERCICE 15 : ÊTRE CONSCIENT DE SON EXCITATION

Chapitre 3, vous avez appris à prendre conscience de votre excitation en vous caressant. C'était relativement facile, car rien ne venait vous « distraire ». Vous allez à présent faire la même chose pendant que votre partenaire vous caresse avec sa main ou sa bouche. C'est un peu plus compliqué, mais cela vous sera très utile pour l'avenir.

Souvenez-vous : l'excitation et l'érection sont deux choses différentes (même si elles vont souvent de pair).

Dans cet exercice, vous devrez vous concentrer uniquement sur l'excitation. Pour vous aider, nous utiliserons l'échelle d'excitation de 1 à 10 proposée chapitre 3.

Pendant que vous exécuterez cet exercice, notez bien l'état d'excitation dans lequel vous vous trouvez alors que vous êtes absolument passif et que vous profitez du plaisir sans ressentir la moindre pression.

Avant de commencer. Echangez quelques caresses dorsales avec votre partenaire pendant quelques minutes puis, caressez son corps comme vous le « sentez », quelques minutes encore.

L'exercice. Allongez-vous sur le dos et prenez le rôle passif. Votre partenaire va commencer par une caresse faciale, ensuite elle s'orientera vers votre sexe, et en caressera doucement le pénis et les testicules. Si elle en a envie, elle peut vous prendre dans sa bouche, vous embrasser et lécher votre sexe ou le haut des cuisses. Ce faisant elle doit uniquement penser à son propre plaisir, comme pendant les exercices de base.

Au bout de quelques minutes, elle devra vous demander quel est votre niveau d'excitation. Si vous êtes très excité, elle devra alors s'écarter et laisser votre excitation retomber légèrement. Si vous l'êtes peu, elle poursuivra ses caresses.

Pendant les quinze ou vingt minutes de l'exercice, elle vous demandera à cinq reprises à quel niveau d'excitation vous êtes. A chacune de vos réponses, prenez une profonde inspiration et détendez tous vos muscles, surtout ceux du bassin et le PC.

Même si vous devez répondre à des questions, cet exercice reste gratuit. Que vous soyez ou non très excité, qu'il vous faille beaucoup ou peu de temps pour l'être, n'a pas d'importance. En fin d'exercice, si vous en éprouvez l'envie, demandez-lui de vous aider à atteindre l'orgasme.

Grâce aux principes des pics, l'excitation vous gagnera en vagues successives jusqu'au plus haut niveau, votre cerveau se mettra alors à produire des endorphines, ces hormones du plaisir dont nous avons parlé au début du livre, lesquelles se propageront dans tout votre corps.

A chaque pic, un nouvel apport de sang affluera dans le pénis, vous vous sentirez de plus en plus excité, et vous pourrez alors parvenir à un orgasme extrêmement intense.

Vous allez utiliser deux méthodes différentes pour atteindre ces pics : la première en tenant le rôle passif, la seconde en prenant l'initiative. Ne vous livrez pas aux deux le même jour, il est préférable de les alterner.

Avant de commencer. Tout d'abord, votre partenaire devra vous caresser avec la main et la bouche, selon son plaisir. Puis, relaxez-vous ensemble et échangez des caresses en suivant les principes déjà appris. Ensuite, mettez votre partenaire en condition en la caressant longuement aux endroits qu'elle préfère : visage, seins ou sexe.

L'exercice. Vous allez tenir le rôle passif. Allongez-vous sur le dos. Votre partenaire va tout d'abord caresser tendrement votre corps, puis s'orienter doucement vers votre sexe.

Prévenez-la quand vous atteignez le niveau 3. Elle devra alors déplacer ses caresses sur votre ventre, vos cuisses ou toute autre partie du corps, jusqu'à ce que votre excitation retombe d'un ou deux niveaux. Ensuite elle touchera à nouveau votre pénis ou les testicules pour vous ramener au niveau 4. Là, elle s'interrompra à nouveau pour vous laisser le temps de redescendre.

Dès que vous sentez que vous venez d'atteindre un pic, dites-en le chiffre puis inspirez profondément et décontractez vos muscles, y compris le PC. N'oubliez pas que vous devez restez entièrement passif. Si vous êtes tendu ou si vous retenez votre respiration, votre partenaire devra vous rappeler à voix haute qu'il faut vous relaxer et respirer normalement.

Continuez à procéder ainsi jusqu'aux pics 5, 6, 7, 8 et 9, ce jusqu'à l'orgasme et l'éjaculation si vous en avez envie – pour un exercice d'une vingtaine de minutes, quatre ou cinq pics sont largement suffisants.

Première variante. Vous pouvez diviser cet exercice en deux parties, tout d'abord en vous contentant d'atteindre des pics de bas niveaux – 2, 3, 4 et 5 –, puis, plus tard ou le lendemain, en montant à des niveaux plus élevés – 6, 7, 8, 9 et 10.

Vous pouvez également faire l'exercice en son entier, et en restant toujours au même niveau – par exemple, en montant quatre fois jusqu'à 7.

Interrompez-vous suffisamment longtemps entre chaque pic pour que l'excitation retombe d'environ deux degrés. Il est très important que vous ayez pleinement conscience du moment où votre excitation baisse.

Répétez cet exercice autant de fois qu'il le faudra, de manière à atteindre facilement les niveaux 7 et 8, ou de parvenir à faire des pics sans interruption, pendant une vingtaine de minutes. Pour chaque pic, montée et descente comprises, accordez-vous quelques minutes. Si vous voulez terminer par un orgasme, surtout ne vous en privez pas, mais ne vous y forcez pas non plus.

Deuxième variante. A présent, vous allez tenir le rôle actif. Comme vous en avez désormais l'habitude, échangez des caresses dorsales avec votre compagne. Ensuite caressez-lui tendrement le cou, les seins, le ventre ou le sexe. Enfin, allongez-vous sur le dos et faites des mouvements de bassin, linéaires ou circulaires, pendant qu'elle vous caresse le pénis et les testicules. Ne contractez pas les abdominaux, ni les muscles du bassin ou des cuisses.

Puis faites aller lentement votre pénis contre sa main ou sa bouche. Dès que vous atteignez un pic, dites-le-lui et stoppez immédiatement tout mouvement, respirez calmement et détendez votre PC. Faites cela pendant quinze à vingt minutes, et allez jusqu'au niveau que vous souhaitez atteindre.

A la fin, réfléchissez quelques minutes sur ce qui s'est passé, et notez jusqu'où vous avez pu aller dans « l'escalade » des pics.

EXERCICE 17 : LES PICS PENDANT LA PÉNÉTRATION

Vous pouvez faire des pics dans toutes les positions amoureuses. Je vous conseille cependant d'essayer tout d'abord en gardant le rôle passif, alors que votre partenaire est assise sur vous. Puis vous enchaînerez sur le rôle actif, mais c'est un peu plus compliqué.

Avant de commencer. Comme d'habitude, commencez par échanger des caresses sensorielles, lesquelles vont vous aider à vous détendre et permettre à l'excitation de monter doucement. Puis caressez votre compagne là où elle éprouve le plus de plaisir, jusqu'à ce qu'elle soit suffisamment humide pour vous accueillir en elle.

L'exercice. Allongez-vous sur le dos et restez passif. Demandez à votre partenaire de vous faire une caresse faciale, puis de se consacrer plus précisément à votre sexe avec la main, et, si elle apprécie cette pratique, avec la bouche.

Faites des pics jusqu'à 4, 5 et 6. Chaque fois, laissez l'excitation retomber d'un ou deux niveaux. Essayez de bien remarquer la sensation que vous procure le sang lorsqu'il afflue dans votre pénis, puis quand il reflue.

Votre partenaire va alors s'asseoir sur vous de manière à accueillir votre pénis dans son vagin. Lorsque vous êtes en elle, surtout continuez à respirer normalement. Elle va alors se mettre à bouger *très lentement*. Concentrez-vous sur les sensations : sa chaleur, l'humidité de son sexe, le poids de son corps sur vous. Montez ainsi vers des pics de plus en plus élevés, et ce jusqu'à l'orgasme si vous en avez envie. Consacrez quelques minutes à chaque pic et surtout ne précipitez pas les choses.

Première variante. Vous pouvez faire cet exercice en vous installant côte à côte.

Stimulé par les mains et la bouche de votre compagne, faites des pics jusqu'aux niveaux 4, 5 et 6, puis couchez-vous sur le flanc, face à elle. Elle doit être complètement allongée sur le côté, son bassin tourné vers vous et une de ses jambes posée sur les vôtres, de manière que vos sexes soient comme soudés l'un à l'autre.

Pénétrez-la et faites-lui lentement l'amour en montant jusqu'à des pics de niveaux 5, 6, 7, 8, 9, voire 10 si vous y parvenez.

Désormais vous commencez à acquérir une certaine confiance en vous, et vous savez maîtriser les pics dans ces deux positions simples. Maintenant vous allez en essayer une nouvelle, laquelle vous permettra de contrôler quasiment entièrement la situation.

Deuxième variante. Cette fois vous allez tenir le rôle actif. Munissez-vous d'un lubrifiant à votre goût. Commencez par les caresses sensorielles qui vous sont désormais familières, lesquelles vont vous détendre et vous préparer à l'amour.

Sous les caresses manuelles ou buccales de votre compagne, faites des pics jusqu'à 4, 5 et 6. Puis demandez-lui de s'asseoir sur vous, et lancez-vous à l'assaut de deux nouveaux pics.

Ensuite proposez-lui de s'allonger sur le dos, un oreiller sous les fesses. Là, elle doit plier les genoux, lever les jambes et les écarter. Imprégnez largement vos deux sexes de lubrifiant.

Allongez-vous entre ses jambes, fesses sur les talons, et approchez votre pénis de son vagin, vos jambes doivent porter le poids de votre corps (et pas les bras).

Pénétrez-la et commencez à lui faire l'amour. Allez et venez en elle uniquement avec des mouvements du bassin, sans contracter les muscles des cuisses, et faites-le aussi lentement que possible.

Consacrez cinq minutes à chaque pic. Dès que vous en atteignez un, respirez profondément et détendez tous les muscles de votre bassin, y compris le PC.

Respirez normalement, et concentrez-vous sur vos

sensations en allant et venant doucement en elle, imaginez alors que vous caressez l'intérieur de son vagin avec votre pénis.

Montez ainsi jusqu'à des pics de niveaux 6, 7, 8 et 9, puis laissez-vous aller à l'orgasme et éjaculez si vous en avez envie. Vous remarquerez alors que votre jouissance est beaucoup plus intense qu'habituellement. C'est grâce à la série de pics que vous venez d'effectuer.

EXERCICE 18 : UTILISER LE PC POUR SE RETENIR

Si vous avez exercé quotidiennement votre PC, comme conseillé chapitre 3, vous êtes tout à fait prêt à aborder cet exercice, car ce petit muscle va vous aider à moduler votre excitation.

Bien sûr, il n'est pas facile de « se retenir ». Aucun homme ne l'ignore. Mais lorsque vous atteignez un certain niveau et si vous contractez alors rapidement votre PC une ou deux fois, l'excitation retombera d'un degré. Pour y parvenir, un certain temps vous sera nécessaire car le muscle peut être contracté de plusieurs manières et il vous faudra probablement effectuer quelques essais pour découvrir celle qui vous convient le mieux. Tout d'abord travaillez-le en solo et ensuite avec votre partenaire.

Les différents types de contraction du muscle PC sont :

- une contraction longue et forte ;
- deux contractions moyennes ;
- plusieurs contractions rapides.

Vous devez trouver le plus petit nombre de contractions nécessaires pour faire descendre votre excitation sans pour autant influer sur l'érection. Si vous contractez trop le PC, vous risquez de perdre momentanément toute érection.

Pour détecter ce qui vous convient le mieux, faites un exercice de pics en solo (chapitre 3). A chaque pic, et ce au moment où vous évaluez votre niveau d'excitation, contractez votre PC. Essayez les différentes méthodes jusqu'à ce que vous trouviez celle qui tempère votre excitation sans affecter l'érection.

L'exercice. Vous êtes maintenant prêt à tester les contractions du PC en couple. Demandez à votre partenaire de vous caresser avec sa main ou sa bouche, et commencez les pics. Lorsque vous en atteignez un, contractez votre PC de la manière qui vous convient le mieux. Puis signalez à haute voix le niveau où vous êtes, respirez calmement et décontractez vos muscles. Continuez les pics jusqu'à 9, et vérifiez si, même à ce niveau, vous parvenez à redescendre en utilisant simplement les contractions du PC. Puis si vous en avez envie, jouissez – vous l'avez bien mérité.

Lorsque vous maîtriserez bien cette technique, essayez de l'utiliser dans toutes les positions vues plus haut. Cependant, essayez de ne pas trop utiliser votre PC : de temps à autre, faites des exercices de pics sans y avoir recours, si vous faites trop appel à ses bons services vous risquez d'avoir quelques petits soucis d'érection, mais, ne vous affolez pas, tout à fait bénins.

EXERCICE 19 : LES PLATEAUX POUR UN HOMME

Désormais vous maîtrisez à peu près les pics grâce à votre PC, vous allez tenter la même chose avec les plateaux.

Les exercices suivants vous permettront d'en expérimenter la technique avec votre partenaire. Vous découvrirez alors que vous pouvez sans problème rester beaucoup plus longtemps à un certain niveau d'excitation, et ainsi prolonger le plaisir pour vous deux. Ces exercices ne doivent pas se succéder, ce serait trop éprouvant. Commencez toujours par des caresses sensorielles, et n'oubliez pas de vous « occuper » de votre partenaire avant d'entreprendre l'exercice proprement dit, et ce pour qu'elle ne se sente pas trop frustrée.

Premier exercice de plateaux. Pour commencer, restez en plateau à différents niveaux en utilisant uniquement les changements de respiration. Essayez de vous stabiliser à chaque niveau pendant quelques minutes (sans passer par tous les niveaux de 1 à 10, bien sûr, deux ou trois sont amplement suffisants).

Allongez-vous sur le dos et demandez à votre compagne de caresser tendrement votre sexe. Détendez-vous, respirez profondément et concentrez-vous sur les endroits dont elle s'occupe.

Lorsque vous atteignez le niveau 4, essayez de vous y maintenir en modulant votre respiration : si vous le dépassez, respirez lentement pour redescendre légèrement, et dès que vous revenez au niveau 3, accélérez le rythme respiratoire pour remonter au-dessus du 4.

Deuxième exercice de plateaux. Cette fois, essayez de rester sur un plateau grâce à des mouvements du bassin. Si par exemple vous avez décidé de vous stabiliser au niveau 6, commencez à bouger dès que vous avez atteint le niveau 4, et ce le plus sensuellement possible, en accélérant progressivement jusqu'au niveau 6. Lorsque vous l'avez dépassé, ralentissez les mouvements jusqu'à ce que l'excitation retombe un peu et ainsi de suite.

Troisième exercice de plateaux. Maintenant, faites la même chose en utilisant les mouvements du bassin pour intensifier votre degré d'excitation, et les contractions du PC pour le faire redescendre. Vous serez bientôt capable de vous stabiliser dans une fourchette très étroite, et ce, en contrôlant votre excitation.

Quatrième exercice de plateaux. Pour celui-ci, vous allez utiliser la pensée et vous concentrer sur un endroit de votre corps, puis sur un autre (ou sur une partie ou l'autre de celui de votre compagne).

Stimulé par sa main ou sa bouche, faites des pics jusqu'à mi-chemin de l'orgasme. Si vous dépassez le niveau 6, détournez vos pensées de la caresse qu'elle est en train de vous prodiguer et portez-les sur un autre point de votre corps – par exemple les testicules. Votre excitation devrait alors redescendre. Puis concentrez-vous à nouveau sur la zone caressée pour remonter jusqu'à 6.

Vous pouvez faire ces exercices de plateaux avec n'importe quelle sorte de stimulation, et dans toutes vos positions préférées. Très rapidement, vous parviendrez à vous maintenir au niveau d'excitation de votre choix, en associant changements de respiration et pensées « décalées », mouvements du bassin et contractions du PC. Vous serez alors capable de rester en plateau niveau 9 et, là, de vous stabiliser au bord de l'orgasme pendant plusieurs secondes, voire quelques minutes.

EXERCICE 20 : LA PÉNÉTRATION RÉPÉTITIVE

Beaucoup d'hommes parviennent à retenir leur éjaculation si leur compagne les caresse avec les mains ou la bouche, mais éjaculent trop vite à leur gré lors de la pénétration. Les sexologues nomment cet incident « l'angoisse de la pénétration ». Que ce problème vous concerne ou non, l'exercice suivant vous aidera à faire l'amour plus longtemps.

Avant de commencer. Echangez des caresses dorsales pendant une dizaine de minutes, puis caressez votre partenaire de manière à lui donner du plaisir.

L'exercice. Allongez-vous sur le dos, vous serez passif. Sous les caresses manuelles ou buccales de votre compagne, faites quelques pics de niveaux assez bas.

Ensuite, changez de position : demandez-lui de s'allonger sur le dos, de relever les jambes et de plier les genoux. Imprégnez vos paumes de lubrifiant – sans lésiner sur la quantité – agenouillez-vous entre ses jambes et entreprenez de vous caresser d'une main.

De l'autre, caressez doucement le sexe de votre partenaire. Prolongez cette caresse mais cette fois avec votre pénis. Touchez d'abord ses grandes lèvres, puis les petites lèvres et le clitoris, ensuite introduisez doucement l'extrémité de votre sexe dans son vagin.

Quelques secondes plus tard, retirez-vous et recommencez à frotter très tendrement votre pénis sur le clitoris et les petites lèvres, puis réenfoncez-vous en elle, et ce, un peu plus profondément.

Poursuivez ainsi, en la pénétrant puis en vous retirant pendant une quinzaine de minutes. A chaque pénétration, laissez votre excitation s'intensifier et essayez de la maintenir dans une zone comprise entre les niveaux 4 et 8.

Bien fait, cet exercice peut s'avérer réellement très érotique, et tous deux aurez très certainement envie d'y revenir souvent, car le contact étant total entre vos sexes, le plaisir s'accroît à chaque pénétration, laquelle doit être chaque fois un peu plus profonde que précédemment.

Désormais vous savez comment faire l'amour plus longtemps. Il s'agit maintenant de le faire *mieux*. Et pour cela il faut commencer par le commencement...

7

Améliorer la qualité de vos érections

Après vous être livré, en duo, aux exercices sensoriels chapitre 4, vous avez peut-être remarqué que vos érections étaient non seulement plus satisfaisantes, mais qu'elles duraient plus longtemps. Grâce à cette nouvelle série d'exercices, vous allez faire des progrès encore plus notables. Par ailleurs, non seulement ils sont d'une grande efficacité, mais ils peuvent également se révéler extrêmement amusants.

Si vous avez pris de mauvaises habitudes, lesquelles vous empêchaient d'obtenir des érections réellement satisfaisantes, ces exercices vous aideront également à les reléguer au rayon des oubliettes.

Certains d'entre eux concernent plus spécialement les quatre phases de l'érection : l'amorce, le remplissage, la rigidité et le maintien. En travaillant séparément sur chacune d'elles, vous détecterez exactement en quel domaine il vous faut progresser.

Comme je l'ai dit plus haut, il peut être utile de comparer les érections provoquées par le désir et celles du matin. Si ces dernières sont toujours parfaites ou presque, c'est parce qu'elles sont uniquement physiologiques. Comme vous êtes plus ou moins endormi, vos pensées n'ont aucune influence sur elles, vous ne ressentez aucune anxiété, et vos muscles sont, à ce moment-là, détendus.

Si certains ne parviennent pas à avoir des érections aussi parfaites avec une femme, c'est parce que leur esprit fait alors interférence. Sur notre échelle d'érection, ils n'atteignent que 8 ou 9 pendant l'amour, alors qu'ils atteignent facilement 10 au réveil.

Même si la taille du pénis n'a que peu d'importance, il est clair que plus il sera dur et gonflé, plus tous deux éprouverez un plaisir accru à faire l'amour. En pleine érection, vous aurez la sensation d'être comme absorbé à l'intérieur de votre compagne ; elle, de son côté, ressentira une réelle plénitude à vous accueillir en elle.

EXERCICE 21 : DES ÉRECTIONS PLUS RAPIDES

Voici un exercice très efficace, qu'il est possible de faire seul pour parvenir à obtenir rapidement une érection avec ou sans stimulation. C'est en quelque sorte « préparer » son système sanguin, pour permettre au sang d'arriver plus vite et en plus grande quantité dans le pénis.

Si vous faites cet exercice cinq minutes par jour, les résultats ne se feront pas attendre, d'ici à deux à trois semaines vous remarquerez que vos érections matinales sont nettement plus vigoureuses, une amélioration qui sera tout aussi notable lorsque vous ferez l'amour. Vous éprouverez une sensation de... plénitude. Et lorsque vous vous adonnerez à des jeux amoureux, vous entrerez en érection plus rapidement que d'habitude. Cet exercice peut s'avérer extrêmement utile pour les hommes ayant dépassé la cinquantaine, pour ceux qui n'ont pas fait l'amour depuis longtemps, ou ceux qui craignent une baisse de leurs « performances ».

Avant de commencer. Exercez, comme chaque jour, votre PC. Ensuite décontractez-vous le plus possible. Si cela vous plaît, vous pouvez faire cet exercice sous la douche. Assurez-vous toutefois que vous avez un lubrifiant à portée de main.

L'exercice. Enduisez votre main de lubrifiant et caressez-vous doucement le pénis, en serrant la hampe et en massant la base. Allez-y lentement, car ici il ne s'agit pas de vous masturber. Essayez avec la main gauche, par exemple, pour éviter de reprendre vos vieilles habitudes. Que vous soyez excité ou non n'a aucune importance. Il n'est même pas nécessaire d'avoir une érection. Caressez-vous pendant quelques minutes.

Exercice 22 : détendre votre PC

Au début d'une érection, beaucoup d'hommes ont tendance à contracter inconsciemment leur PC. Si vous avez pris cette habitude, c'est que vous aviez l'impression qu'ainsi votre pénis se durcissait, gonflait plus vite et mieux. Mais vous avez sans doute remarqué qu'avec le temps c'était de moins en moins efficace. Et si vous essayez de rétablir la chose en contractant le PC plus fort, le problème ne fera qu'empirer, voici pourquoi :

Si vous tendez votre PC en tout début d'érection, un peu de sang afflue dans le pénis, lequel durcit momentanément. Mais si vous continuez à le contracter, le flux sanguin s'interrompra, car alors vous fermez les valves.

Deux autres inconvénients peuvent intervenir : d'abord votre esprit note immédiatement cette tension, résultat, vous ne sentez pas véritablement les premières phases de l'érection – vous êtes obnubilé par cette contraction. Ensuite, si vous vous escrimez pour obtenir une érection, vous entrez alors dans un fonctionnement lié à la notion de performance. Vous n'arrivez plus à vous détendre, et dans ce cas-là votre érection s'en ressent forcément.

Peut-être contractez-vous votre PC au mauvais moment ?

Cet exercice vous permettra de le détecter. Il est fort possible qu'en une seule séance vous arriviez à oublier vos mauvaises habitudes. Cela vous semble peut-être trop beau pour être vrai, mais plusieurs de mes patients peuvent témoigner de l'efficacité de cette méthode.

Avant de commencer. Détendez-vous et échangez quelques caresses sensorielles. Ensuite, caressez longuement le sexe de votre compagne sans attendre de réaction particulière de sa part.

L'exercice. Etant donné que vous allez être passif, allongez-vous confortablement sur le dos ou sur le côté. Demandez à votre compagne de caresser votre pénis avec les mains ou la bouche, pendant quinze à vingt minutes. Si elle sent que vous contractez votre PC elle doit vous en avertir et attendre qu'il soit détendu avant de poursuivre. Lorsqu'elle vous l'aura fait remarquer trois ou quatre fois, vous commencerez à mieux comprendre vos réactions instinctives, et très vite vous parviendrez à laisser ce muscle parfaitement détendu, sans y avoir été incité.

A la fin de cette longue caresse, laissez-vous aller au plaisir si vous en avez envie.

Exercice 23 : synchroniser l'érection et l'excitation

Pour la plupart des hommes, le niveau d'érection est proportionnel au niveau d'excitation. Ces deux phénomènes sont différents, mais ils coïncident souvent. En général, le pénis atteint sa rigidité maximum quelques secondes avant l'éjaculation. Il vous est sans doute arrivé parfois de regretter que votre érection soit un peu... « à la traîne » par rapport à l'excitation que vous ressentez. Ce n'est pas un problème très grave, mais il est malgré tout préférable que les deux soient en harmonie.

Cet exercice peut y contribuer. Il s'agit de vous entraîner à faire alterner les pics d'excitation et ceux d'érection.

Bien entendu, vous ne pouvez agir consciemment sur l'érection pour la faire correspondre à votre niveau d'excitation. En revanche, vous avez appris à moduler l'excitation : vous pourrez donc la faire retomber d'un ou deux degrés pour qu'elle « rejoigne » votre érection. L'excitation (qui est uniquement psychologique) descend plus vite que l'érection. En effectuant cet exercice, vous constaterez que, lorsque excitation et érection sont synchronisées, le plaisir est double au pic suivant et que l'érection, soutenue par son alliée, repart de plus belle.

Avant de commencer. Revenez si nécessaire sur les deux échelles de 1 à 10 expliquées aux chapitres précédents, celle qui concerne l'excitation (chapitre 3) et celle pour l'érection (chapitre 7). Il va vous falloir escalader et redescendre les deux échelles à la fois.

Avant l'exercice proprement dit, échangez quelques caresses sensorielles avec votre compagne, puis caressez-lui tendrement le sexe et la poitrine.

L'exercice. Allongez-vous sur le dos, vous tenez le rôle passif.

Demandez à votre partenaire de caresser l'ensemble de votre sexe avec ses mains et sa bouche. Si vous approchez du degré 3 sur l'échelle d'excitation, mais n'avez pas d'érection, enjoignez-lui de ralentir ses gestes, ou même de s'interrompre un moment, pour abaisser légèrement votre niveau d'excitation. Lorsque c'est fait, elle peut poursuivre normalement.

Lorsque vous arrivez à 3 ou 4 sur l'échelle d'érection (la fameuse phase de remplissage), vérifiez où en est votre excitation, si son niveau est plus élevé que celui de l'érection votre partenaire devra à nouveau ralentir ou interrompre ses caresses.

Après quelques séances, vous noterez que vos niveaux d'excitation et d'érection coïncident de plus en plus naturellement, surtout sur les premiers degrés des échelles. En poursuivant l'entraînement, vous parviendrez bientôt à les synchroniser jusqu'à des niveaux plus élevés.

Une variante. Vous pouvez faire le même exercice en adoptant cette fois le rôle actif.

Demandez à votre partenaire de s'allonger sur le dos, de plier les genoux et de lever les jambes. Agenouillez-vous devant elle et caressez doucement son sexe avec votre pénis. N'hésitez pas à utiliser une bonne quantité de lubrifiant.

Faites un pic jusqu'au degré 4 de l'échelle d'excitation. Votre érection est-elle au même niveau ? Si non, ralentissez les mouvements du pénis contre son sexe, ou éloignez-vous de quelques centimètres jusqu'à ce que l'excitation descende au niveau de l'érection. Notez l'impression que vous procure leur synchronisation.

Poursuivez vos caresses en introduisant légèrement votre pénis en elle. Dès que vous sentez le niveau d'excitation dépasser celui de votre érection, ralentissez ou retirez-vous. Vous remarquerez une amélioration très nette de l'érection lorsqu'elle sera vraiment synchrone avec l'excitation. Si vous voulez vous offrir un orgasme, ne vous retenez pas : vous ne serez pas déçu.

DE « MEILLEURES ÉRECTIONS »

Une des méthodes les plus efficaces pour améliorer la qualité des érections (notamment les phases de remplissage et de rigidité) est celle des pics, décrite dans les chapitres 3 et 6.

En voici les raisons : si vous vous concentrez sur le niveau d'excitation que vous avez atteint et sur le chemin qu'il vous reste à parcourir avant de pouvoir jouir, plutôt que sur la qualité de vos érections, vous éliminez automatiquement cette fameuse pression de la performance tellement préjudiciable. Votre érection coïncidera alors naturellement avec votre excitation.

Il vous suffit pour cela d'effectuer à plusieurs reprises les exercices de pics du chapitre précédent. Lorsque vous aurez terminé, n'hésitez pas à parler de ce que vous venez de faire avec votre partenaire, ni à échanger vos remarques sur les niveaux d'érection que vous avez atteint au cours des différents pics.

EXERCICE 24 : COMMENT « RATTRAPER » UNE ÉRECTION ?

Certains mythes peuvent vous empêcher de faire l'amour de manière satisfaisante – au sens fort du mot. L'un d'entre eux consiste à croire que le pénis doit être tendu et dur, du moment où on commence à faire l'amour, jusqu'à l'orgasme.

En vérité, il est tout à fait normal de passer par différentes phases – il peut « fléchir » à certains moments, puis durcir à nouveau. Et ce à plusieurs reprises tout au long de l'acte amoureux. Pourtant, certains hommes se contractent dès qu'ils ont le sentiment de « perdre » leur érection. On devine le résultat.

Si vous sentez votre sexe faiblir, vouloir y remédier est la pire des solutions. Il est beaucoup plus judicieux de poursuivre en profitant au maximum de toutes les sensations éprouvées. Il est évident qu'un pénis, même s'il n'est pas au mieux de sa forme, peut parfaitement procurer des sensations délicieuses. Respirez profondément, concentrez-vous sur les caresses qui vous sont prodiguées, et détendez vos muscles.

Cet exercice va vous permettre de ne pas vous affoler lorsque vous aurez le sentiment de perdre une érection. Bien au contraire, ce peut être une réelle source de plaisir, et la situation s'arrangera d'elle-même.

Avant de commencer. Echangez des caresses sensorielles. Puis touchez tendrement la poitrine, les cuisses ou le sexe de votre compagne. Prévoyez une bonne vingtaine de minutes pour cet exercice.

L'exercice. Allongez-vous sur le dos, vous êtes passif. Demandez à votre partenaire de vous dispenser une caresse faciale « gratuite » et sensuelle, puis de descendre sur votre pénis, de le toucher longuement et de le prendre dans sa bouche. Elle doit s'assurer que vous êtes détendu et que votre respiration est régulière.

Lorsque vous sentez que vous commencez à entrer en érection (phase de remplissage), demandez-lui d'interrompre ses caresses pour vous permettre de descendre au niveau 1 de l'échelle d'érection, ensuite elle les reprendra pour en faire remonter le niveau.

Demandez-lui de procéder à plusieurs interruptions, et de vous faire grimper chaque fois, un peu plus haut, sur l'échelle d'érection.

Lorsque vous aurez « perdu et retrouvé » une érection à plusieurs reprises, vous allez alors remarquer qu'elle a tendance à se maintenir au même niveau quand votre compagne cesse de vous stimuler. Si cet exercice est bien fait, vous constaterez même que vous êtes *incapable* de faire baisser le niveau de ladite érection.

Si, comme beaucoup d'hommes, vous pensez qu'une érection ne doit pas subir de variations lorsque vous faites l'amour, vous ressentirez peut-être une légère frustration la première fois que vous ferez cet exercice. Quand votre compagne interrompra ses caresses, vous aurez sans doute le réflexe de contracter le PC pour ne pas perdre votre érection. Votre partenaire devra alors vous le faire remarquer, et vous inciter à vous concentrer, à vous détendre et à respirer normalement.

EXERCICE 25 : LA PÉNÉTRATION « MOLLE »

Puisque désormais vous connaissez la différence qu'il y a entre remplissage et rigidité, vous allez, grâce à l'exercice qui suit, pouvoir savourer le plaisir délicieux d'une pénétration *sans* érection.

Avant de commencer. Munissez-vous de lubrifiant. Echangez des caresses sensorielles, puis caressez sensuellement le corps de votre compagne.

L'exercice. Allongez-vous sur le côté. Votre partenaire doit se coucher sur le dos, tourner son bassin vers vous, glisser une jambe entre les vôtres et l'autre au-dessus, pour amener son sexe contre le vôtre.

Enduisez votre pénis d'une bonne quantité de lubrifiant. Ecartez tendrement les petites lèvres du sexe de votre compagne et appliquez du lubrifiant à l'entrée du vagin. Prenez votre temps, et profitez-en pour savourer le plaisir intime de ce geste.

Pour que l'exercice soit réussi, le pénis doit être au repos, ou en tout cas ne pas dépasser le stade du remplissage (niveau 4).

Demandez à votre partenaire d'introduire doucement votre pénis en elle, et ce en le poussant sur la base.

Lorsque vous êtes en elle, respirez profondément, puis décontractez vos jambes et votre PC. Soyez attentif à la chaleur et à l'humidité de votre compagne. Essayez de déterminer quel est votre niveau d'érection. Votre pénis commence-t-il à durcir ?

Vous pouvez rester immobile, ou, si vous le préférez, bouger lentement le bassin et faire un des exercices de pénétration suggérés plus haut.

EXERCICE 26 : FELLATION AVEC L'HOMME AU-DESSUS

Cet exercice est très utile pour maintenir l'érection, ou pour dépasser le niveau 6. La fellation, lorsque l'homme est au-dessus de sa partenaire, peut être véritablement très stimulante, aussi bien physiquement que psychologiquement.

Avant de commencer. Allongé sur le dos, faites quelques pics pendant que votre partenaire vous caresse. Concentrez-vous plus sur l'excitation qui monte en vous que sur votre érection.

L'exercice. Après avoir atteint le niveau 7 en quelques pics successifs, changez de position et demandez à votre compagne de se coucher sur le dos.

Installez-vous dans une position confortable, soit en vous agenouillant près d'elle, soit en la « chevauchant » – sans peser –, puis mettez votre pénis à portée de sa bouche. Cette position est très excitante, mais obligez-vous à respirer calmement et à vous concentrer sur ce que vous ressentez.

Votre partenaire devra alors lécher tendrement les différentes parties de votre sexe, quant à vous, effectuez alors quelques pics. Si elle le souhaite, elle peut vous prendre dans sa bouche.

Vous pouvez également tenir votre pénis d'une main et en caresser tendrement la bouche de votre partenaire et aussi l'y glisser à l'intérieur de temps en temps.

Le plus difficile, ici, est sans doute de trouver la bonne position, celle qui ne provoquera pas de crampes. Surtout détendez bien vos abdominaux, et les muscles du bassin, des cuisses et le PC. Plus vous serez décontracté, plus vous serez réceptif au plaisir.

EXERCICE 27 : VARIANTE DE LA PÉNÉTRATION RÉPÉTITIVE

Je vous ai déjà proposé cet exercice au chapitre précédent mais, cette fois, nous allons l'utiliser pour améliorer la qualité et la durée de l'érection, pendant que vous faites l'amour. Vous devrez vous concentrer bien plus sur le niveau d'excitation que sur celui de l'érection.

Avant de commencer. Echangez des caresses sensorielles, puis donnez du plaisir à votre compagne.

L'exercice. Allongez-vous sur le dos. Votre compagne prendra le rôle actif et vous amènera à quelques pics, de bas ou moyens niveaux.

Ensuite changez de position, votre partenaire doit s'allonger sur le dos, plier les genoux et lever les jambes. Avec l'aide d'un lubrifiant, caressez son sexe avec le vôtre, et laissez l'excitation vous gagner progressivement jusqu'aux niveaux 6, 7 et 8, ne vous souciez pas de l'érection.

Ensuite, introduisez à demi votre pénis dans son vagin, faites un pic et retirez-vous pour laisser l'excitation retomber de deux degrés. Pénétrez-la à nouveau, montez vers un autre pic (disons niveau 8), puis retirez-vous.

Faites plusieurs pics semblables jusqu'à ce que vous soyez conscient qu'il vous est possible, quel que soit votre niveau d'érection, de pénétrer votre compagne. Vous l'avez remarqué : il n'est pas nécessaire que votre pénis soit très dur. Répétez l'exercice en prêtant attention à la fois à l'excitation ressentie et à l'érection. Vous verrez, vous progresserez très vite.

Variante de la variante. Vous allez à présent « pénétrer » différentes parties du corps de votre partenaire, de manière à la penser comme un « tout sexuel ».

D'abord, touchez-la tendrement sur tout le corps. Puis caressez son sexe, avec vos doigts, vos lèvres, votre langue. Enduisez votre pénis de lubrifiant (que vous soyez ou non en érection) et caressez-la avec sur tout le corps.

Glissez-le sous son aisselle, dans le pli du coude, derrière ses genoux, et dans toutes les « entrées » ou « étuis » que vous pourrez trouver. De temps en temps, pénétrez-la tout simplement – un peu de classicisme ne nuit pas –, surtout, prenez, et ensemble, le plus de plaisir possible à cet exercice.

Exercice 28 : alterner fellation et pénétration

Grâce à cet exercice, vous pourrez « entretenir » longuement l'érection. Vous allez passer successivement de la bouche de votre compagne à son sexe, et alternerez ainsi les pics. Vous verrez, c'est véritablement très excitant.

Avant de commencer. Echangez des caresses sensorielles, puis touchez tendrement votre compagne pour amener son excitation à l'unisson de la vôtre.

L'exercice. Prenez le rôle passif, allongé sur le dos.

En vous caressant avec ses mains ou sa bouche, votre compagne devra vous amener à quelques pics de niveaux bas ou moyens. Ensuite, agenouillez-vous près d'elle et demandez-lui de vous prendre dans sa bouche jusqu'à ce que votre excitation atteigne le niveau 8. A ce moment-là, changez de position : placez-vous entre ses jambes, demandez-lui de les relever, et pénétrez-la pour revenir à nouveau au pic 8.

Ensuite reprenez votre position première, à genoux près d'elle ou à califourchon sur elle, et glissez doucement votre pénis dans sa bouche pour atteindre un nouveau pic. Après chaque pic, n'oubliez pas de vous interrompre un moment, de respirer normalement et de détendre vos muscles.

Continuez à faire alterner les pics, successivement atteints, grâce à la fellation et à la pénétration. Quand vous estimerez l'exercice terminé, après une quinzaine de minutes, laissez-vous aller au plaisir d'un orgasme et d'une éjaculation.

Grâce aux exercices proposés dans ces deux derniers chapitres, vous avez sans doute appris certaines choses, modifié plus ou moins votre comportement au lit, et probablement découvert de nouveaux horizons. L'excitation, l'érection et l'éjaculation n'ont désormais plus de secrets pour vous. En tout cas, ce ne sont plus des *problèmes*. Maintenant, nous allons voir comment combiner tout cela pour ressentir des orgasmes sensationnels.

8

Orgasme et éjaculation : De l'ordinaire à l'extraordinaire

Comme tout un chacun, jouir vous procure un plaisir certain. Mais vous ignorez sans doute à quels sommets d'intensité peut vous faire accéder un orgasme. Lisez ce chapitre en entier avant d'entreprendre les exercices, ainsi vous pourrez détecter ceux qui vous conviennent le mieux. Sachez cependant que ceux décrits en fin de chapitre peuvent déboucher sur des effets réellement surprenants.

Il n'est pas rare que les hommes un peu avancés en âge aient besoin d'une stimulation de plus en plus longue pour parvenir à se mettre en condition amoureuse. Les sexologues appellent cela « l'insensibilité pénienne », auquel cas il vous faut réagir rapidement car les conséquences peuvent être très ennuyeuses tant sur votre capacité à jouir que sur celle à éjaculer.

Heureusement, il existe des moyens sûrs de remédier à ce problème. Les exercices qui suivent donnent de bons résultats en à peine un mois, et pour tous. L'expérience de Joseph, un de mes patients, me paraît intéressante :

« Pendant des années j'ai fait l'amour normalement, et un jour j'ai éprouvé des difficultés pour éjaculer. Problème qui non seulement s'est répété, mais également aggravé.

En effet, je mettais, pour éprouver un orgasme et éjaculer, de plus en plus de temps. Grâce aux exercices, j'ai appris à me décontracter, à concentrer mon attention sur mon excitation et à détendre les muscles du bassin. Alors j'ai pu à nouveau jouir et éjaculer comme un jeune homme ! »

Une des causes les plus courantes d'une perte de sensibilité du pénis est due à la manière de se masturber. Certains utilisent des gestes qui, à la longue, atténuent leurs sensations. C'est le cas lorsque les mouvements du poignet sont trop rapides, ou si la main serre trop le pénis. Après de nombreuses années, si je puis dire, à ce rythme, les caresses légères et sensuelles qui vont leur être prodiguées leur feront, c'est une évidence, beaucoup moins d'effet.

Après de longues périodes d'abstinence, certains individus finissent par oublier les sensations délicates et troublantes procurées par un vagin chaud et humide. Et lorsque l'opportunité se représente ils ne savent plus en profiter, et ne savent plus « caresser » le sexe de leur compagne avec leur pénis. Ce genre de stimulation ne leur suffit plus pour atteindre l'orgasme.

Les quelques exercices suivants sont destinés à ceux qui souhaitent changer leurs habitudes « masturbatoires ». Ils sont à faire en solo, deux ou trois fois par semaine. Au bout de quelques jours, vous sentirez déjà votre sensibilité s'améliorer de façon significative. Mais avant de noter des changements vraiment conséquents, il vous faudra attendre environ un mois.

DURÉE DES MASTURBATIONS

Combien de temps faut-il en règle générale pour se masturber ? Les études montrent que certains hommes éjaculent au bout de quelques secondes, alors que d'autres peuvent passer des heures à se toucher avant de « s'autoriser » à jouir.

Il n'y a pas de règle en ce domaine et, bien entendu, aucune durée limite. Cependant, d'après mes études et celles de confrères sexologues, il est prouvé que les hommes dont le pénis garde une réelle sensibilité sont ceux qui ne s'adonnent à ce jeu érotique que pendant dix à quinze minutes, pas plus.

Si vous aimez y passer une demi-heure ou plus, ce

n'est pas un crime, bien sûr, sachez simplement que cette habitude peut vous faire perdre au fil des années une certaine sensibilité. En divisant par deux ce temps, vous éviteriez facilement ce genre de problème.

Le moyen le plus simple est sans doute de garder une trace du temps que vous passez à vous masturber. Jetez un coup d'œil à votre montre, et vous serez peut-être surpris de constater que vous y avez consacré beaucoup plus de temps que vous ne le pensiez. Notez-le sur un carnet pendant une quinzaine de jours. La troisième semaine, essayez de réduire ces séances de cinq minutes. Puis, chaque semaine, réduisez-les encore de cinq minutes, jusqu'à ce que vous puissiez atteindre l'orgasme et l'éjaculation en une dizaine de minutes. Il vous sera plus facile de le faire progressivement, et en douceur, plutôt que de changer du jour au lendemain vos habitudes.

Fréquence de la masturbation

En vous masturbant trop souvent, vous risquez donc une perte de sensibilité. Soyons clair, ni la morale ni la santé n'ont à voir là-dedans, cependant, si vous réduisez légèrement la fréquence de ces séances, votre pénis retrouvera sa sensibilité, ce qui vous permettra parallèlement d'ainsi « stocker » de l'énergie sexuelle.

Comme pour la durée, essayez de noter sur un calepin la date et l'heure des séances pour en tenir le compte. Chaque semaine, réduisez-en la fréquence d'environ dix pour cent, jusqu'à ce que vous ayez l'impression que votre pénis, redevenu plus sensible, vous permet d'éprouver autant de jouissance et de plaisir qu'il vous en procurait par le passé.

Certains d'entre vous sont capables de procéder à tous ces changements dans le même temps. Vous pouvez donc essayer de noter la durée et la fréquence de vos masturbations pendant une période de deux semaines, puis d'en réduire les deux paramètres en même temps. Ensuite, vous pourrez alterner avec les exercices qui vont suivre.

D'autres préfèrent procéder par étapes : ils commencent par réduire la fréquence de leurs séances, ensuite ils s'adonnent à l'exercice de sensibilité pendant quelques jours, et n'entreprennent qu'alors d'écourter la durée de chacune des séances.

EXERCICE 29 : MODIFIER VOS GESTES

Comme je l'ai expliqué plus haut, ce sont les mouvements trop rapides et les mains trop serrées sur le pénis qui en affectent la sensibilité. Il n'est pas évident d'expliquer un rythme et une vitesse avec des mots, mais cet exercice vous aidera à ralentir vos gestes et à réveiller vos sens. Prévoyez quinze à vingt minutes pour vous y adonner.

Tout d'abord, masturbez-vous comme vous le faites habituellement, puis ralentissez de moitié l'allure. Au bout d'environ une minute, divisez encore cette vitesse par deux, et ce progressivement jusqu'à ce que vous ayez l'impression de vous caresser plutôt que de vous masturber.

Vous pouvez également changer la manière dont vous vous masturbez en modifiant la position de votre main : touchez-vous avec la paume ouverte, par exemple, ou du bout des doigts, plutôt qu'en serrant le poing sur le pénis. Essayez de vous caresser le plus lentement possible et très légèrement pour détecter les zones les plus sensibles du pénis, et par là celles qui vous apportent un plus grand plaisir. Ce que vous faites doit ressembler à la « caresse du sexe » proposée chapitre 4. Si vous éprouvez quelques difficultés à rester excité en vous touchant de manière aussi lente et légère, faites alterner ce geste avec votre ancienne méthode, rapide et ferme.

Au bout d'un certain nombre de séances, vous ne devriez plus avoir besoin de ces retours à des pratiques énergiques. Encore une fois, le meilleur moyen d'y parvenir est de noter votre façon de faire, et de diminuer peu à peu le pourcentage de mouvements rapides au profit de caresses plus lentes et plus sensuelles. Si vous réussissez à vous masturber avec des gestes doux pendant à peu près quatre-vingts pour cent de la séance, vous retrouverez rapidement l'entière sensibilité de votre pénis.

EXERCICE 30 : IMITER LE VAGIN

Vous pouvez aussi changer vos habitudes en trouvant un moyen de vous masturber qui ressemble à l'acte amoureux. De tout temps les hommes ont fait preuve de beaucoup d'imagination en ce domaine.

Certains hommes n'éprouvent plus aucun plaisir lorsqu'ils font l'amour parce qu'ils ont tout simplement « oublié ». Pour retrouver ces sensations « perdues », certains d'entre eux se contentent de se masturber en enveloppant le pénis au creux de leur main qu'ils ont au préalable lubrifiée. D'autres utilisent tout ce qui ressemble à un étui, à un fourreau en cuir par exemple mais en prenant soin d'en lubrifier l'intérieur. Certains même utilisent une peau de banane : ils la mettent à bonne température en la passant sous l'eau chaude et enduisent copieusement l'intérieur de lubrifiant.

Vous pouvez vous servir de n'importe quel objet. Lubrifiez celui sur lequel s'est porté votre choix, laissez libre cours à votre imagination, amusez-vous et prenez du plaisir.

Masturbez-vous doucement avec ce « simulateur de vagin » pendant quinze ou vingt minutes, caressez-vous plutôt, le plus lentement et sensuellement possible.

« TRAVAILLER » L'ORGASME ET L'ÉJACULATION

Si vous souhaitez obtenir des orgasmes d'une grande intensité (qui ne le voudrait pas !), essayez les exercices suivants. Rappelez-vous le chapitre 5, je vous y expliquais la différence entre orgasme et éjaculation, et les deux phases bien distinctes de l'éjaculation. Apprendre à prêter attention à ces détails peut vous aider à accroître et surtout à prolonger le plaisir.

EXERCICE 31 : PROLONGER L'ORGASME

Vous concentrer simplement sur ce qui se passe en vous, et sur vous, lorsque vous jouissez et éjaculez, vous donnera véritablement le sentiment que vous éprouvez longuement et durablement un plaisir intense. Cet exercice vous aidera à distinguer les deux phases qui composent l'éjaculation.

Avant de commencer. Echangez, comme d'habitude, quelques caresses sensorielles avec votre compagne, puis touchez tendrement ses seins, son ventre et son sexe.

L'exercice. Faites plusieurs pics en demandant à votre partenaire de vous caresser avec ses mains ou sa bouche. Lorsque vous vous sentez prêt, pénétrez-la.

Faites de nouveau quelques pics et plateaux, jusqu'à ce que vous atteigniez le niveau 9 de l'échelle d'excitation. Lorsque vous arrivez au point de non-retour, stoppez tout mouvement et prenez une profonde inspiration. Concentrez-vous sur les muscles et les organes qui se contractent, en particulier la prostate, puis prêtez une attention particulière aux spasmes du PC. Continuez à respirer profondément, ouvrez grands les yeux, et essayez d'orienter votre esprit sur toutes les sensations qui traversent votre corps, notamment au niveau du sexe. Vous parviendrez alors à *ressentir* vraiment chaque émission de sperme, et vous sentirez votre orgasme se prolonger et se prolonger encore. Répétez cet exercice jusqu'à ce que vous soyez capable de profiter pleinement de toutes ces sensations à la fois.

EXERCICE 32 : UTILISER LE PC POUR SUBLIMER SON ÉJACULATION

Lorsque vous distinguerez nettement les phases d'émission et d'expulsion lors de l'éjaculation, vous pourrez atteindre de nouveaux sommets sensuels en contractant votre PC à un moment précis. Refaites l'exercice précédent mais, cette fois, lorsque vous aurez atteint le point de non-retour, inspirez profondément, ouvrez grands les yeux et contractez le PC le plus fort possible. Vous décuplerez ainsi la puissance du premier spasme, l'éjaculation se transformera en véritable explosion de plaisir et vous connaîtrez sans doute un des orgasmes les plus forts de toute votre existence.

Le plus difficile étant de choisir le bon moment, il vous faudra sans doute répéter plusieurs fois l'exercice 31, avant de pouvoir prévoir avec précision le premier spasme de manière à contracter votre PC juste avant qu'il ne se produise. Mais croyez-moi, vous ne regretterez pas de vous être donné cette peine.

EXERCICE 33 : SUBLIMER L'ORGASME

Les deux exercices précédents sont surtout destinés à améliorer vos sensations lors de l'éjaculation (mais n'oubliez pas que c'est un phénomène différent de l'orgasme).

L'exercice. Avant d'améliorer vos sensations pendant l'orgasme, il vous faut apprendre à les connaître. Avec votre compagne, faites une séance de pics et de plateaux en vous concentrant plus particulièrement sur la respiration, les battements de votre cœur et l'état de tension des muscles longs (bras et jambes). Plus vous montez sur l'échelle d'excitation, plus ces changements seront flagrants. Lorsque vous atteindrez le point de non-retour, interrompez tout mouvement et fixez votre attention sur le fait que la tension accumulée en vous se dissipe lorsque vous éjaculez.

Plus tard, reprenez cet exercice en essayant d'amplifier – voire d'exagérer – une de ces réactions, la respiration ou la tension musculaire par exemple. Lorsque vous atteignez le niveau 9, ouvrez les yeux et accélérez consciemment le rythme respiratoire, jusqu'au halètement. Et au point de non-retour, ne bougez plus, respirez lentement et profondément.

Au niveau 9, vous pouvez contracter puis relâcher les muscles des bras et des jambes, tout en continuant à faire l'amour. Lorsque vous êtes au point de non-retour, bandez ces muscles aussi fort que vous le pouvez, puis rapidement détendez-les au maximum.

Cela peut vous paraître contradictoire avec ce que j'ai écrit plus haut sur les bienfaits de la relaxation, mais la tension musculaire *maîtrisée* peut intensifier considérablement l'orgasme si elle est pratiquée à de très hauts niveaux d'excitation. En fait, vous vous emparez d'une réaction inconsciente de votre corps pendant l'orgasme, pour l'amplifier et amplifier par là même toutes vos sensations. Si vous vous entraînez un peu à exagérer ces deux réactions (respiration et tension musculaire), cela vous deviendra un réflexe instinctif et vous n'aurez plus besoin d'y prêter attention pour jouir intensément.

Grâce aux exercices de cette deuxième partie, vous avez pu passer en revue les plaisirs que peut apporter le sexe à condition d'y mettre du sien, et vous vous doutez bien que vous ne serez pas seul à profiter de la qualité de vos érections ou de l'intensité de votre excitation...

Lorsque chacun de vous deux en connaîtra un peu plus sur lui-même et sur l'autre, je vous inviterai à aller encore plus loin dans l'intimité et la confiance mutuelle. Dans « L'harmonie du couple », la dernière partie, vous allez atteindre les sommets de l'érotisme. Ensuite, ce sera à vous de poursuivre seuls, de découvrir d'autres facettes de votre sexualité, d'autres aspects de l'amour, excitants et ludiques, pour partir ensemble vers de nouveaux horizons sensuels.

Troisième partie

LE PLAISIR CHEZ LA FEMME

9

Le cycle du plaisir chez la femme

Pour parvenir à une maturité sexuelle épanouissante, une femme doit connaître parfaitement ses zones érogènes. A elle également de savoir les stimuler en solo, et, lorsqu'elle fait l'amour, de trouver les positions qui lui permettront d'en jouir le plus pleinement possible.

C'est pourquoi, je vais vous amener à explorer les centres de plaisir de votre corps, et vous expliquer pourquoi certaines positions sont d'un érotisme plus « constant » que d'autres. Quant à vous, messieurs, lisez avec attention ce qui va suivre, car cela peut vous aider à considérablement renforcer vos qualités d'amant.

ÉTAPES DU PLAISIR CHEZ LA FEMME

Que se passe-t-il dans le corps d'une femme quand elle est excitée ?

Ses sensations et réactions diffèrent-elles réellement de celles de son compagnon ?

Par certains côtés oui, par d'autres non.

Elle traverse la phase de désir mise en évidence par Helen Singer Kaplan, et les quatre identifiées par Masters et Johnson – l'excitation, la stabilisation, l'orgasme et la délivrance –, de la même façon qu'un homme et, comme pour lui, chaque étape s'accompagne de modifications physiologiques et psychologiques.

L'afflux de sang produit par l'excitation est identique pour chacun. L'érection permet de s'en apercevoir très vite, pour une femme c'est moins visible, et parfois même imperceptible. Des études ont démontré que les femmes ne réalisent pas toujours qu'elles sont excitées – du point de vue physiologique, bien sûr –, sans doute à cause des multiples modifications qui se produisent en elle à ces moments-là; il leur est donc difficile de remarquer un signe en particulier.

L'excitation s'accompagne d'un afflux de sang vers le clitoris, lequel se gonfle et durcit, de même que les petites et les grandes lèvres, les petites lèvres deviennent rose sombre ou très rouges, et les parois vaginales s'humectent d'un fluide lubrifiant.

Lorsque l'excitation monte, le vagin peut se contracter en son milieu et en profondeur ou, au contraire, « s'ouvrir ». Ce dernier effet se produit essentiellement lors de la pénétration : car alors les muscles de l'utérus, en se contractant, le font « remonter », ce qui permet au vagin de s'ouvrir en profondeur, pour mieux « accueillir » l'autre. Essayez de prêter attention aux changements qui se produisent en vous et vous comprendrez très vite l'intérêt que cela présente.

Nous allons, comme pour l'homme, nous servir de l'échelle d'excitation proposée au chapitre 3. Vous allez ainsi apprendre à mieux connaître comment « fonctionne » votre excitation et découvrir de nouvelles façons de parvenir à l'orgasme, lequel, sur l'échelle d'excitation, se situe au niveau 10.

Cependant, avant d'aborder le chapitre de la jouissance féminine, il est nécessaire d'aborder des questions plus générales, et de revenir sur certains mythes et malentendus.

L'ORGASME FÉMININ

La jouissance des femmes, et ce depuis la nuit des temps, a fait couler beaucoup d'encre. D'aucuns même se sont demandé si elles étaient capables d'éprouver des orgasmes.

D'après les psychanalystes de la première heure, et en particulier Sigmund Freud, la jouissance issue d'une stimulation clitoridienne est moins réelle et moins intense qu'un orgasme dit vaginal.

A son contraire, Masters et Johnson affirment que seule la stimulation du clitoris amène à l'orgasme.

Un peu plus tard a été évoquée l'existence d'un point situé à l'intérieur du vagin, susceptible de déclencher l'orgasme : le fameux point G venait d'être mis au jour.

Il faut dire qu'aujourd'hui cette vieille querelle entre tenants du plaisir « clitoridien » ou « vaginal » est largement dépassée.

Et la certitude que le plaisir féminin peut être atteint de différentes façons, sans aucune contestation.

S'il est vrai que la stimulation du clitoris peut suffire à déclencher un orgasme, certaines femmes parviennent à jouir sans la moindre stimulation physique – par exemple au cours d'un rêve érotique. Certaines aussi, extrêmement sensibles, jouissent lorsqu'on caresse leurs seins et plus particulièrement les mamelons.

De nombreux endroits peuvent être « déclencheurs d'orgasmes » : le clitoris, le PC, le point G, l'extrême fond du vagin, l'utérus et le méat urétral.

Nous allons considérer le clitoris, le PC et le méat urétral comme des déclencheurs externes. Le point G, le fond du vagin et l'utérus, comme des déclencheurs internes.

Le clitoris

Il est considéré comme un organe externe. Erectile, il se gonfle et durcit lorsqu'il est stimulé. Il peut être physiologiquement assimilé au pénis. Ainsi que l'ont expliqué Masters et Johnson, la plupart des femmes se donnent du plaisir en stimulant leur clitoris, car c'est la façon la plus facile de s'autoprovoquer un orgasme.

Le PC

Désormais, vous connaissez bien l'importance d'un PC bien entraîné. Les conséquences en sont notables sur l'excitation, la pénétration et l'orgasme. En effet, travailler le PC a pour résultat de muscler réellement votre vagin. Et plus les muscles de la région pelvienne seront développés, plus il y affluera de sang ; résultat : non seulement toutes vos sensations seront amplifiées pendant l'acte amoureux, mais tout autant les sentiments de délivrance et de soulagement induits par l'orgasme, lorsque le muscle PC se contracte et que le sang reflue. Même une simple stimulation du PC peut déclencher un orgasme (je vous expliquerai comment un peu plus loin).

Le méat urétral

On a découvert, en étudiant les femelles de certaines espèces animales, que la stimulation du méat urétral (ou urinaire) peut également provoquer un orgasme. On s'est alors rendu compte que beaucoup d'entre nous appréciaient ce genre de contact, même si pour certaines il s'avère plutôt désagréable. Les sexologues appellent cet endroit : le point U.

Le méat urétral est l'orifice de l'urètre. Pour le localiser, il vous faut soulever légèrement le clitoris (en appuyant juste au-dessus du bout du doigt) et écarter les petites lèvres. Si vous souhaitez le stimuler, faites-le très doucement car il est facilement irritable et peut s'infecter rapidement. Mais surtout, n'essayez *jamais* d'y introduire quoi que ce soit.

Le point G

Le point G est situé sur la paroi supérieure du vagin, à environ cinq ou six centimètres de son entrée. Je vous ai expliqué plus haut comment le détecter avec l'aide de votre partenaire (vous pouvez essayer de le localiser vous-même, mais ce n'est pas évident).

Le point G est un endroit extrêmement sensible et l'orgasme qu'il déclenche est souvent très intense, il s'accompagne parfois d'une sorte d'éjaculation féminine (d'où la charmante expression « femme fontaine »), car la femme libère à ce moment-là une grande quantité de liquide incolore extrêmement fluide.

Beaucoup d'entre nous n'ont vécu cette réaction qu'une seule fois, car alors elles se sont affolées et précipitées chez un médecin, lequel a parfois prétendu qu'elles avaient tout simplement perdu le contrôle de leur vessie – honteuses, elles ne se sont plus jamais laissées aller, et n'ont donc jamais renouvelé cette expérience pourtant délicieuse.

Après analyse de ce liquide, on a découvert qu'il présentait une grande analogie avec celui émis par l'homme et issu de la prostate, lorsqu'il fait l'amour. La prostate étant chez l'homme ce qui se rapproche le plus du point G.

Le cul-de-sac

Nombre d'entre vous connaissent parfaitement le clitoris, mais viennent peut-être d'entendre évoquer le point G pour la première fois.

Quant au cul-de-sac, rares sont celles qui en connaissent même l'existence.

Le vagin ne s'arrête pas au col de l'utérus, car en temps normal l'utérus « repose » sur le vagin et il en bloque le fond.

Au fur et à mesure que vous êtes gagnée par l'excitation, vos muscles se contractent et votre utérus se soulève, dévoilant le « cul-de-sac », une partie du vagin cachée par le col. Toutefois cette zone ne s'ouvre que si vous êtes vraiment très excitée.

Le col de l'utérus

Comme chacun le sait, le col de l'utérus est situé à la base de l'utérus. Au toucher, il peut paraître « noueux ».

Dans certaines positions, lorsqu'on fait l'amour, le pénis stimule ledit col. Certaines femmes ressentent alors une sensation désagréable (une sorte de crampe), mais pour d'autres c'est un plaisir intense propre à déclencher un orgasme.

LE CORPS PENDANT L'ORGASME

De nombreux endroits du corps sont donc susceptibles de déclencher un orgasme, et pourtant, certaines femmes n'ont pas la moindre idée de ce qui provoque leur jouissance, ni de ce qui se passe en elles lorsqu'elles éprouvent du plaisir.

Voici donc ce qui se passe à l'intérieur de vous lors d'un orgasme : les muscles situés autour de l'utérus et du col se contractent, les spasmes ainsi provoqués vous donnent l'impression que votre vagin palpite ou « aspire », la tension artérielle, la respiration et le rythme cardiaque atteignent des sommets. Les muscles du cou, des bras et des jambes peuvent se contracter involontairement, ainsi que le PC – vous sentez peut-être des picotements ou des fourmis dans certaines parties du corps et une sensation de chaleur qui monte du sexe à la poitrine, au cou et jusqu'au visage. Puis cette énergie est déchargée en quelques secondes et vous êtes à ce moment-là envahie par un intense sentiment de soulagement.

D'une personne à l'autre et d'un orgasme à l'autre, l'intensité de ces sensations peut énormément varier. Certains orgasmes ne débouchent que sur une contraction du PC et un plaisir léger. D'autres sont si puissants que le corps s'arc-boute instinctivement comme pour résister au déferlement du plaisir. D'après des études menées sur des volontaires, il a été estimé que certaines femmes avaient eu un orgasme si leur PC avait été agité de spasmes et si leur rythme cardiaque s'était considérablement élevé. Mais chacune de nous est unique. L'important étant de laisser à son corps la possibilité de jouir pleinement, en repérant ce qui fonctionne le mieux, pour accéder au plaisir.

Lorsque vous faites l'amour, certaines positions sont plus propres aux stimulations nécessaires à une femme pour atteindre l'orgasme. Chacune d'entre elles permet de stimuler les différents déclencheurs du plaisir – voici les particularités les plus connues :

Lorsque la femme est assise à califourchon sur l'homme, elle peut stimuler son PC, son point G, le col de l'utérus et le cul-de-sac. La « levrette » (elle se met à quatre pattes, l'homme est derrière) stimule essentiellement le point G et le col de l'utérus. La « missionnaire » joue principalement sur le PC. La « technique d'alignement coïtal » (disons TAC, pour éviter ce nom barbare), que je décrirai en détail dans un autre chapitre, une variante de la missionnaire, permet de stimuler le clitoris.

La première position que j'ai envie de vous conseiller est celle-ci : vous êtes allongée sur le dos, genoux pliés et jambes relevées, votre partenaire s'installe entre vos jambes, en appui sur les genoux. Vous pouvez poser les jambes sur ses épaules, ou si vous êtes suffisamment souple, laisser reposer vos mollets sur ses cuisses. Cette position stimule le PC, le point G, le col de l'utérus et le cul-de-sac, elle permet à l'homme de se retirer facilement pour caresser votre clitoris et votre méat urétral avec son pénis. Elle favorise également une pénétration plus profonde.

Bien sûr, en ce qui vous concerne, une position peut se révéler plus excitante qu'une autre pour des raisons qui n'ont rien de physiologique, même s'il est évident que le facteur physiologique joue un rôle important dans le plaisir. Certaines femmes aiment être face à leur partenaire pendant l'amour. D'autres préfèrent éprouver des sensations plus brutes, plus animales, et se faire, par exemple, prendre en levrette. Savoir ce qui vous plaît – ou ne vous plaît pas – est tout aussi important que bien connaître les stimulations physiques qui vous sont nécessaires pour accéder au plaisir.

Passons maintenant en revue quelques inquiétudes

fort courantes, mais qui empêchent beaucoup d'entre nous de s'abandonner complètement au plaisir lorsqu'elles font l'amour...

LA MAUVAISE CONSCIENCE

Mes confrères et moi avons remarqué au fil des années que les problèmes psychologiques qui constituent des obstacles au plaisir ne sont pas les mêmes pour les femmes et les hommes – ces derniers ont essentiellement des soucis avec la taille de leur pénis et la qualité de leur « prestation ». Les femmes, elles, semblent éprouver certaines difficultés à s'abandonner vraiment, à se donner la *permission* de profiter pleinement des jeux érotiques.

Une des raisons en est que les mentalités évoluent moins vite qu'on ne le pense. Il m'arrive encore d'entendre des patientes, et même fort jeunes, affirmer que seules les « mauvaises filles prennent du plaisir au lit » ou bien : « pour moi faire l'amour était un devoir, j'ignorais même qu'il était possible d'en retirer du plaisir ».

Si les femmes se « brident » ainsi c'est souvent à cause de l'image qu'elles ont de leur corps. Beaucoup préfèrent ne pas passer à l'acte plutôt que dévoiler à l'homme qu'elles viennent de rencontrer un corps à leur goût, trop gros ou pas assez attirant. Comme m'a confié une de mes patientes : « Je fais rarement l'amour, car je déteste qu'un homme me voie nue. »

Ces attitudes sont fort regrettables. Elles sont un frein au plaisir merveilleux que peuvent vous offrir les jeux érotiques. Vous devez accepter de vous regarder dans une glace, et surtout apprendre à vous connaître et à vous aimer. Les exercices sensoriels décrits dans les chapitres suivants vous aideront à améliorer considérablement la relation que vous entretenez avec votre corps.

J'ai choisi de traiter plus particulièrement six problèmes, lesquels, à mon avis, constituent les principales entraves au plaisir.

L'image de son corps

La plupart des femmes que j'ai rencontrées n'aiment pas leur corps. Même les plus belles femmes du monde se trouvent des défauts. Nous sommes toutes prisonnières d'un idéal projeté par les médias et qui n'a pas grand-chose à voir avec la réalité. Lorsque vous vous regardez dans un miroir, que vous en ayez ou non conscience, vous vous comparez certainement à des mannequins, des actrices, des rock-stars, des personnalités – elles habitent toutes à « Fantasmeland ». N'oubliez pas que l'image qui vous est renvoyée ne bénéficie pas du travail précieux d'un styliste, d'un maquillage et d'un éclairage soigné, des angles de caméras ou d'appareils qui estompent les défauts, sans parler des soins corporels de haute gamme et de la chirurgie plastique, bref, tout ce que l'argent permet.

Ne laissez pas une mauvaise image de votre corps vous bloquer sur le chemin du plaisir. Votre compagnon vous aime comme vous êtes, et vous trouve désirable telle que vous êtes. Les femmes sont dures avec elles-mêmes – plus que ne le sont les hommes. Pourtant, tous les sondages mettent en évidence que les goûts masculins sont sensiblement différents de ceux que nous leur prêtons. Vous vous dites que vos seins ou vos cuisses laissent à désirer, eh bien il y a de grandes chances pour qu'« il » ne soit pas de cet avis. Se priver de plaisir parce qu'on a décidé qu'on ne correspondait pas à une image rêvée, quel dommage ! Libérez vos sens, vivez pleinement votre sexualité et vous constaterez alors que votre corps a embelli de façon spectaculaire.

Bien sûr, plus on se sent bien dans sa peau, plus il est facile de s'abandonner à des jeux érotiques. On fait beaucoup mieux l'amour lorsque rien ne vient interférer. Eh bien, commencez par prendre soin de vous, essayez de ne pas trop fumer, de manger sainement, vous vous sentirez infiniment mieux et, par la même occasion, aurez le sentiment d'être vraiment désirable.

La masturbation

De toute leur vie, beaucoup de femmes n'ont jamais exploré leur corps. Pour les hommes, c'est différent : avant qu'ils ne fassent l'amour pour la première fois, ils se sont donné du plaisir, et ce, souvent dès leur plus jeune âge, mais pour beaucoup d'entre nous toucher son sexe a toujours été considéré comme tabou. C'est pourquoi les femmes sont souvent ignorantes de ce qui peut les exciter et leur donner du plaisir.

Par expérience, je sais que les femmes dont les problèmes sont les plus faciles à résoudre sont celles qui ne parviennent pas à atteindre l'orgasme et aussi celles qui ne se sont jamais donné du plaisir. Là réside justement la cause de leurs difficultés : elles ne connaissent ni leur corps ni ses réactions. Ce que m'a confié Bonnie, une de mes patientes, est très caractéristique de la chose.

« Je n'avais pas la moindre idée des possibilités érotiques que pouvait receler mon corps. J'ai toujours entendu "ne te touche pas *en bas*" et cette région était pour moi vraiment un continent mystérieux. J'éprouvais des sensations agréables lorsque je faisais l'amour, bien sûr, mais j'ignorais comment elles étaient provoquées. Aujourd'hui, je sais demander à mon compagnon comment m'aider à atteindre l'orgasme. »

Si vous ne vous êtes encore jamais donné du plaisir, je vais vous aider à en trouver la clé. Faites les exercices d'autostimulation, de pics et de plateaux chapitre 4, également ceux du chapitre suivant, lesquels vont vous apprendre à vous familiariser avec votre corps d'une façon douce. Plusieurs d'entre eux ont pour but de vous montrer comment stimuler vos zones sensibles pour accéder facilement à l'orgasme. Vous ne serez pas seule à en bénéficier : votre partenaire, lui aussi, profitera de vos nouvelles et bienfaisantes connaissances.

La pression de la performance

Si vous espérez jouir ou, plus grave, si vous vous y *essayez* à tout prix pendant que vous faites l'amour, le résultat en sera déplorable, vous serez beaucoup trop tendue pour y parvenir. La lecture de certains magazines féminins – qui prétendent vous expliquer comment avoir des orgasmes à répétition – vous a peut-être aussi déstabilisée en vous donnant le sentiment que vous étiez un cas d'exception. Votre compagnon a peut-être lui aussi contribué à accentuer cette pression, en vous demandant, pendant que vous faisiez l'amour, si vous éprouviez du plaisir.

Vous serez probablement soulagée de découvrir que vous êtes loin d'être seule dans ce cas. Ne pas avoir d'orgasme est un problème extrêmement répandu parmi la gent féminine.

Les femmes ont-elles toutes des orgasmes ou aucune ? La question n'est certainement pas là. *Vous* pouvez éprouver du plaisir. J'ai beaucoup travaillé cette question, et je peux vous assurer que n'importe quelle femme peut accéder au plaisir, pour peu qu'elle accepte de faire les exercices que j'ai mis au point pour l'y aider et que leur compagnon sache leur prodiguer les caresses adéquates pour leur permettre d'y parvenir.

La pression de la performance peut également être le résultat du terrible « mythe des sept minutes ». Des études ont prétendu avoir mis en évidence qu'une femme parvient à l'orgasme en sept minutes – c'est une moyenne, bien entendu. Malheureusement, beaucoup ont pris cette assertion au pied de la lettre et sont persuadées que si elles n'ont pas joui au bout de ce temps fatidique, c'est qu'elles sont anormales. Pour corser le tout, les hommes, de leur côté, croient en majorité que plus ils « tiennent » longtemps, meilleure sera la jouissance de leur compagne.

Ce qui, évidemment, ne tient pas debout. Certaines peuvent avoir un orgasme pratiquement à la seconde où elles sont pénétrées, d'autres y mettront un certain temps, et d'autres encore n'auront pas d'orgasme quelle que soit l'endurance de leur partenaire.

Le temps nécessaire pour parvenir au plaisir n'a aucune importance. Chacune possède son horloge interne, ce qui compte avant tout c'est de se débarrasser de toute pression. Car chaque corps réagit à sa façon.

Le manque d'assurance

La plupart des femmes ont de réelles difficultés à confier à leur partenaire ce qu'elles aiment ou ce dont elles ont besoin.

En partie, parce qu'on les a toujours mises en garde sur « ce qui ne se fait pas » ou du plaisir qu'il est inconvenant de ressentir. D'où peut-être le sentiment que taire ses désirs équivaut à se sentir parfaitement en accord, avec ce qu'on leur a inculqué. C'est un état d'esprit dont il faut absolument se défaire.

Vous devez non seulement assumer, mais vous réjouir des sensations que provoquera en vous l'amour charnel. C'est pourquoi dire à votre partenaire ce que vous aimez ou n'aimez pas est fondamental.

Si cela se révèle trop éprouvant pour vous, alors reportez-vous aux exercices décrits chapitre 12, « Renforcer les liens du couple ». Ils vous seront d'une aide précieuse.

Les traumatismes

Si vous avez été traumatisée par une pénible expérience au moment de votre adolescence, voire de votre enfance, ou même lors de votre vie de femme, votre sexualité peut en souffrir gravement, et ce pendant fort longtemps.

Celles qui ont vécu des relations perturbantes réagissent en général de deux façons : soit elles sont terrorisées par tout ce qui touche le sexe, soit elles ont pris l'habitude de se donner au premier venu. Par peur d'être à nouveau blessées, elles neutralisent leurs sens en s'interdisant le plaisir.

Si vous avez été victime de ce genre de problème,

n'hésitez pas à consulter un psychothérapeute, il vous aidera à soigner vos blessures et à dépasser cette souffrance pour aller vers une vie sexuelle épanouissante. Les exercices des chapitres 4 et 12 peuvent également vous permettre de répartir sainement, et d'aborder d'une façon nouvelle votre sexualité – surtout si votre compagnon est tendre et attentionné – mais il vous sera certainement nécessaire d'avancer progressivement, et surtout sans essayer de brûler les étapes.

Les pensées inopportunes

Mentalement, les hommes et les femmes fonctionnent différemment, c'est une certitude confortée par nombre de recherches. Chacun traite les informations qu'il reçoit de façon différente. Un homme semble plus apte à compartimenter son esprit : en schématisant, il peut pleinement profiter de quelque chose et tenir ce qui n'est pas du domaine concerné à l'écart de ses préoccupations. Une femme, elle, éprouve plus de difficultés à y parvenir. Des pensées « inopportunes » – ou peut-être trop opportunes – s'inscrivent en elle. Il lui est difficile de vider son esprit des événements de la journée pour s'abandonner entièrement à des jeux érotiques.

Lorsque les hommes ont envie de faire l'amour, cela seul compte pour eux. C'est aussi une des raisons pour lesquelles la « pression de la performance » pèse beaucoup plus sur eux que sur leur compagne.

L'important est d'être juste au milieu, c'est-à-dire réussir à se concentrer sur l'amour, sans abandonner les pensées et les sentiments qui font de chacun de nous un être unique et singulier. Les exercices sensoriels des chapitres 3 et 4 sont là pour vous y aider.

La peur de se laisser aller

Nombreuses sont les femmes qui se sentent inhibées lorsqu'elles font l'amour, résultat, elles ne parviennent pas à « lâcher prise » et cette retenue les empêche trop souvent d'atteindre l'orgasme. D'aucunes sont trop préoccupées par l'image qu'elles veulent donner d'elles-mêmes ; résultat : elles ont peur de perdre leur self-control au moment où le plaisir va les submerger, elles s'autorisent à jouir un peu, mais pas à franchir la « frontière ».

Si c'est le problème que vous devez résoudre, reprenez les principes et les exercices de relaxation du chapitre 2. Dans celui qui suit, je vais vous apprendre à atteindre de très hauts niveaux d'excitation, jusqu'à la jouissance, et ce de la façon la plus détendue possible. Vous ne ressentirez plus au moment d'atteindre l'orgasme ni gêne, ni crainte, ni peur de perdre la maîtrise de la situation.

10

S'ouvrir au plaisir

Chapitre 3, vous avez découvert toutes les possibilités recelées par votre corps, grâce à des exercices exécutés seule, sereine et sans pression. A présent, voyons jusqu'où vous pouvez aller dans le plaisir et l'excitation, mais désormais en duo.

Les cinq exercices suivants ont de fortes ressemblances avec ceux conseillés à l'homme au chapitre 6. Certains vous amèneront à de très hauts niveaux d'excitation, d'autres à l'orgasme. Mais surtout, ne cherchez pas la jouissance à tout prix, écoutez avant tout le rythme de votre corps. Que vous ayez facilement des orgasmes ou non, l'important n'est pas là, pour l'instant il est de travailler en profondeur sur votre plaisir.

Prévoyez une heure pour chacun des exercices. Vous y tiendrez le rôle passif. Rappelez-vous les principes de base des exercices sensoriels (concentration, respiration, etc.).

Commencez chaque séance en échangeant des caresses sensorielles avec votre partenaire. Puis, touchez-le tendrement avec vos mains ou votre bouche, sans attendre de réaction particulière de sa part. Lorsque vous le caressez et passez votre langue sur les endroits de son corps que vous préférez, que ressentez-vous ? L'excitation est-elle en train de vous gagner ?

EXERCICE 34 : AVOIR CONSCIENCE DE SON EXCITATION

Avant de commencer. Remémorez-vous l'échelle d'excitation décrite chapitre 3. Prévoyez environ vingt minutes pour cet exercice.

L'exercice. Allongez-vous confortablement sur le dos, les bras et les jambes légèrement écartés.

Votre partenaire commence à vous caresser sur le corps, puis s'oriente doucement vers votre sexe. Il doit le faire lentement et tendrement, avec sa bouche s'il le désire, mais surtout en faisant preuve d'une grande sensualité. Concentrez-vous sur vos sensations, sur l'excitation qui monte en vous et sur le chemin suivi par sa langue.

Toutes les cinq minutes environ, il doit vous demander à quel niveau d'excitation vous êtes. Donnez-lui un chiffre de 1 à 10. Gardez votre attention concentrée sur le degré d'excitation que vous avez atteint. Notez particulièrement, parmi les caresses qui vous sont prodiguées, celles qui vous procurent le plus de plaisir.

Tout au long de l'exercice, il doit vous poser cette question quatre fois. Que ledit niveau soit élevé ou non, supérieur ou inférieur au précédent, n'a aucune importance, l'essentiel en ce qui vous concerne est de réussir à vous détendre tout en prenant calmement conscience de l'excitation qui est la vôtre.

Si les caresses sont sans effet, n'hésitez pas à le dire. Mais si elles vous entraînent à l'orgasme, n'hésitez pas non plus à vous abandonner au plaisir.

EXERCICE 35 : LES PICS POUR UNE FEMME

Le but ici est de vous apprendre à moduler votre excitation pour qu'avec le temps vous puissiez en « prévoir » les vagues successives. Ainsi les endorphines – hormones du plaisir – pourront se diffuser pleinement en vous. Après quinze ou vingt minutes de pics, vous aurez emmagasiné une telle énergie sexuelle, qu'il vous sera alors facile de vous laisser emporter par un véritable raz-de-marée de jouissance.

Avant de commencer. Munissez-vous d'une lotion pour bébé, ou d'une huile pour le corps que vous appréciez tout particulièrement.

L'exercice. Couchez-vous sur le dos, les bras et les jambes légèrement écartés. Votre partenaire doit vous caresser tendrement, puis descendre vers votre sexe. Ses mains seront enduites d'huile et il glissera ses doigts entre vos cuisses le plus lentement possible.

Lorsqu'il sentira votre excitation monter, il devra s'agenouiller entre vos jambes et lécher tendrement les différentes parties de votre sexe. Concentrez votre attention sur le chemin suivi par sa langue. Demandez-lui d'aller de plus en plus doucement, plus il ira lentement et plus les sensations ainsi provoquées seront enivrantes pour vous.

Il peut également glisser un doigt dans votre vagin, pour en caresser « l'intérieur », et vous sentirez peut-être alors votre PC se contracter pour enserrer son doigt.

Lorsque votre excitation atteindra le niveau 3, dites-le-lui. Il devra interrompre ses caresses quelques secondes pour vous permettre de redescendre d'un ou deux degrés. Notez tout ce qui se passe en vous à ce moment-là. Lorsque vous estimerez être revenue au niveau 1 ou 2, demandez-lui de reprendre ses caresses.

Essayez cette fois d'atteindre le niveau 5, lorsque vous y êtes, dites-le-lui. Et pendant qu'il met tout son cœur à vous donner du plaisir avec ses doigts et sa bouche, faites des pics aux niveaux 6, 7, 8 et 9.

Après chacun d'eux, laissez l'excitation retomber d'environ deux niveaux.

Si vous jouissez à la fin de cet exercice, c'est parfait. Mais essayez malgré tout de rester le plus passive possible. Même si vos muscles se tendent, c'est inévitable, restez décontractée : c'est de cette façon que vous parviendrez à comprendre comment se comporte votre corps lorsque vous atteignez de très hauts niveaux d'excitation et pendant l'orgasme.

Si vous n'y arrivez pas la première fois, ne vous inquiétez pas. Un peu d'entraînement est sans doute nécessaire. Contentez-vous simplement d'évaluer votre niveau d'excitation et d'en faire part à votre partenaire, vous constaterez qu'à chaque séance vous grimpez un peu plus haut sur la fameuse échelle d'excitation. Et n'oubliez pas que les sensations qui accompagnent chaque « descente » sont aussi importantes que celles éprouvées lors de la « montée ».

Répétez cet exercice autant de fois que tous deux le désirez, et n'hésitez pas à faire de temps à autre des pics en solo. Vous en retirerez de réels bienfaits.

Exercice 36 : les plateaux pour une femme

Maintenant vous allez apprendre à vous stabiliser à un niveau d'excitation donné, et ce, sans que votre partenaire cesse de vous caresser.

Divers éléments vont vous y aider, n'hésitez pas à y avoir recours : respiration, PC, pensées et mouvements du bassin (techniques expliquées en détail, chapitre 3).

Vous pouvez également vous maintenir à un plateau en demandant à votre compagnon d'interrompre, puis de reprendre ses caresses. Lorsque vous atteignez le niveau souhaité, dites simplement « stop », et, dès que l'excitation retombe légèrement, « vas-y », ou tout simplement incitez-le à accélérer ou à ralentir le rythme de ses caresses

Notez à quel niveau vous pouvez vous maintenir le plus longtemps possible, de manière à contenir l'énergie sexuelle qui s'accumule alors dans votre corps. Ainsi, peu à peu, vous allez acquérir une plus grande confiance en vous, et vous pourrez alors surfer sur les vagues de plaisir, lesquelles vous mèneront à un magnifique orgasme.

L'exercice. Allongez-vous sur le dos, bras et jambes légèrement écartés. Votre partenaire va vous caresser les seins, le ventre, les jambes, puis le sexe, de ses doigts et de sa bouche. Faites quelques pics jusqu'aux niveaux 3 et 4. Lorsque vous atteignez 5, essayez de vous y maintenir en utilisant les changements de respiration, comme déjà vu dans l'exercice 9, chapitre 3.

Ensuite, stabilisez-vous à un niveau supérieur, en utilisant votre PC. Lorsque vous dépassez le niveau 6, contractez-le une ou deux fois pour redescendre légèrement. Puis détendez-le complètement et laissez l'excitation remonter.

Ensuite faites des plateaux à de hauts niveaux en vous aidant des mouvements du bassin ou en fixant votre attention ailleurs que sur l'endroit caressé par votre compagnon. Essayez de combiner plusieurs méthodes (dans un premier temps en les associant deux par deux) et notez celle qui semble vous convenir plus particulièrement.

En fin d'exercice, utilisez les quatre méthodes pour vous maintenir quelques secondes, voire quelques minutes, à de hauts niveaux d'excitation – 7 ou 8. Au début cela ne vous sera sans doute pas facile mais, lorsque vous y serez parvenue, vous serez tout à fait prête à passer à l'exercice suivant.

EXERCICE 37 : LES PICS PENDANT LA PÉNÉTRATION

Vingt minutes sont nécessaires pour cet exercice qui va vous permettre d'atteindre le niveau 8 sur l'échelle d'excitation. Lorsque vous y parviendrez facilement, ce sera alors le moment d'enchaîner sur le chapitre consacré à l'orgasme.

Avant de commencer. Munissez-vous d'un tube de lubrifiant. Caressez tendrement le sexe de votre partenaire, de la main ou de la bouche, de manière qu'il soit suffisamment excité pour vous pénétrer. Mais sachez que, dans cet exercice, une érection impressionnante n'est absolument pas indispensable pour tenir le rôle actif.

L'exercice. Comme toujours, échangez des caresses sensorielles. Ensuite demandez à votre compagnon de vous prodiguer une caresse faciale puis de descendre lentement vers votre sexe.

Pendant qu'il s'y emploie, faites quelques pics jusqu'aux niveaux 3, 4 et 5. Puis pliez les genoux et levez les jambes. Vous pouvez les maintenir en l'air si cela ne vous fatigue pas trop, sinon laissez vos mollets reposer sur vos cuisses. Votre partenaire doit alors s'agenouiller entre vos jambes, son sexe contre le vôtre.

Il va alors passer doucement son pénis sur vos petites lèvres et le clitoris, comme il le faisait avec sa langue dans l'exercice précédent. Concentrez-vous sur la partie du pénis qui caresse le clitoris. Stimulée de cette manière, faites des pics jusqu'aux niveaux 5, 6 et 7.

Vous devez tous les deux fixer votre attention sur le moment présent, respirer régulièrement et garder vos muscles détendus.

Votre partenaire doit alors enduire son sexe et le vôtre de lubrifiant, puis glisser son pénis en vous.

En vous concentrant sur les sensations provoquées par le pénis sur votre PC, laissez l'excitation monter jusqu'à un nouveau pic.

Très lentement, il doit pénétrer au plus profond de vous en se concentrant sur ses propres sensations sans essayer de vous exciter, puis entamer de légers mouvements du bassin circulaires ou d'avant en arrière.

Essayez d'imaginer son pénis comme une langue géante qui lécherait et caresserait l'intérieur de votre vagin. Essayez de l'amener contre le point G. Si vous y parvenez, le plaisir sera si fort que vous en aurez le souffle coupé mais, pour autant, n'en oubliez pas de continuer à respirer normalement !

De cette manière, vous parviendrez à faire des pics de niveaux très élevés, jusqu'à 8 ou 9. Bien sûr, cet exercice peut vous amener à l'orgasme, peut-être même plusieurs fois de suite. Mais ne précipitez pas les choses, n'oubliez pas : les pics doivent jalonner le chemin qui va vous mener à la jouissance.

EXERCICE 38 : LES PLATEAUX PENDANT LA PÉNÉTRATION

Grâce à la méthode des plateaux, vous pourrez, et ce facilement, éprouver plusieurs orgasmes de suite. Lorsque vous aurez joui une première fois, demandez à votre partenaire de continuer ses allées et venues en vous pour ne pas laisser l'excitation descendre sous le niveau 9. Alors il vous suffira peut-être de quelques secondes ou de quelques caresses pour vous entraîner à nouveau dans les délices d'un plaisir inouï.

Avant de commencer. Munissez-vous de lubrifiant. L'exercice oscillera entre quinze et vingt minutes. Caressez votre partenaire jusqu'à obtenir une érection.

L'exercice. Couchez-vous sur le dos bras et jambes légèrement écartés. Votre compagnon va se mettre à caresser l'ensemble de votre corps, avant de s'orienter vers le sexe, pour le toucher ou le lécher tendrement.

Faites quelques pics aux niveaux 3, 4 et 5. Puis pliez les genoux et levez les jambes. C'est alors qu'il va enduire son sexe, et le vôtre, de lubrifiant, avant de s'agenouiller entre vos cuisses. Comme dans l'exercice précédent il doit caresser doucement vos petites lèvres et le clitoris, avec son pénis. Ensuite, il va lentement et progressivement vous pénétrer, jusqu'à ce que son sexe soit si profondément enfoui en vous, qu'il puisse « caresser » votre vagin.

Stimulée ainsi, essayez de vous maintenir à des plateaux de hauts niveaux en utilisant les méthodes préconisées plus tôt. Pour une plus grande efficacité, combinez-les deux à deux et, si vous y parvenez, toutes ensemble.

Avant chaque plateau, indiquez le niveau d'excitation que vous voulez atteindre, et de quelle manière vous souhaitez y parvenir, ainsi votre partenaire comprendra bien comment vous fonctionnez. Après quelques séances, ces méthodes pour stabiliser l'excitation deviendront pour vous des automatismes, et vous n'aurez plus besoin d'y penser, ni même de chercher consciemment à vous maintenir à un niveau donné.

Pendant cet exercice, les plateaux atteints peuvent l'être à n'importe quel niveau. Le plus simple est de commencer par les plus bas, pour vous familiariser avec ces méthodes qui ont pour but de vous permettre d'éprouver un plaisir intense en vous stabilisant à des niveaux élevés. Essayez de rester le plus longtemps possible à 9, puis abandonnez toute résistance et laissez-vous emporter par le plaisir.

Pour profiter au maximum de l'orgasme ainsi obtenu, enchaînez les exercices du chapitre suivant. Si vous éprouvez quelques difficultés à jouir lorsque vous faites l'amour, ils vous seront, croyez-moi, d'une grande utilité.

11

Les techniques sensorielles appliquées à l'orgasme

Si vous atteignez l'orgasme assez facilement, les exercices suivants vont vous permettre de découvrir de nouveaux moyens d'y parvenir, et surtout de décupler le plaisir qui, à ces moments-là, vous submerge entièrement. Si vous ne jouissez que rarement, ou même jamais, n'oubliez pas que : toutes les femmes peuvent atteindre l'orgasme, non seulement seules, mais aussi lorsqu'elles font l'amour. Si vous suivez bien tous les exercices conseillés plus haut et si votre compagnon vous stimule comme vous le lui demandez, croyez-moi, les résultats ne se feront pas attendre.

Certains des exercices ont des points communs avec ceux décrits chapitre 8, destinés à apprendre aux hommes à mieux profiter de leur orgasme et de leur éjaculation. La même philosophie est applicable aux hommes et aux femmes : mieux on connaît son corps, plus, en se masturbant, on atteint facilement l'orgasme, et lorsqu'on fait l'amour, plus le plaisir est intense.

En premier lieu, vous trouverez des exercices destinés à accroître l'intensité des orgasmes induits par la masturbation. Ensuite nous aborderons ceux que peut vous procurer le fait de faire l'amour. Essayez de faire les exercices en solo au moins une fois par semaine, pendant deux ou trois semaines. Ensuite, deux ou trois fois par semaine passez aux exercices à deux, tout en continuant régulièrement les premiers.

Les exercices qui vont suivre, et à faire en solo, sont extrêmement importants de par les conséquences qu'ils auront sur le plaisir intense que vous ressentirez en faisant l'amour. Prêtez bien attention à vos réactions. Si vous n'avez jamais essayé de vous donner du plaisir à l'aide d'objets – « jouets » serait un terme plus approprié –, leur « efficacité » va vous surprendre. Mes confrères et moi-même en recommandons souvent l'usage aux femmes qui ont des difficultés à se libérer, car ils remplissent parfaitement le rôle qui leur est dévolu.

Tout d'abord il vous faudra choisir entre les vibromasseurs et les godemichés – à noter que ces derniers ont toujours la forme du pénis.

Les vibromasseurs, eux, peuvent être différents et de tailles diverses. Certains sont à peine plus gros qu'un allume-cigares, d'autres arborent des dimensions impressionnantes. Mais ces derniers n'ont absolument pas pour vocation de remplacer le sexe d'un homme, ils sont la plupart du temps utilisés pour des massages, pas forcément sexuels d'ailleurs. D'autre part, tous les vibromasseurs ne vous stimuleront pas de la même manière. Certains ont plusieurs vitesses, ou vibrent de façons différentes.

Les godemichés, eux, sont inertes. Il en existe de toutes les tailles, certains en plastique dur, les plus récents sont en caoutchouc souple, latex ou des matériaux encore plus « réalistes ». D'aucuns sont flexibles et prennent la forme que vous leur donnez, d'autres, moulés sur de vrais pénis, en reproduisent fidèlement les détails. Certains même sont munis de ventouses à leur base : il suffit de les fixer et de s'accroupir sur eux pour les utiliser.

Si vous avez l'intention d'acheter un de ces objets érotiques, je vous conseille de le choisir de la forme du pénis – à peu près de la taille de celui de votre partenaire – muni de ventouses, relativement flexible pour pouvoir le courber et stimuler votre point G, et si possible, nanti de plusieurs vitesses de vibration.

Si vous parvenez à réunir toutes ces particularités dans un seul vibromasseur, c'est parfait. Sinon achetez deux de ces objets : un godemiché flexible et un vibromasseur à vitesse variable.

Vous vous sentirez peut-être gêné d'avoir à acquérir ce genre de choses. Si vous n'osez pas entrer dans un sex-shop, sachez qu'on peut aujourd'hui, et ce très facilement, les commander par correspondance.

EXERCICE 39 : UN VIBROMASSEUR SUR VOTRE CLITORIS

Commençons par un exercice très simple. Vous utiliserez le vibromasseur pour stimuler vos grandes et petites lèvres, votre clitoris et votre méat urétral. Le clitoris constituant en principe un déclencheur d'orgasme des plus efficaces.

Pour bien l'utiliser, ne serrez pas trop fort le vibromasseur, et surtout, touchez-vous *doucement*. Beaucoup de femmes ont tendance à l'appuyer trop fortement sur le clitoris. Tenez-le comme un stylo dont la mine serait fragile, et dans un premier temps, même si cela vous tente, ne l'introduisez pas en vous.

Une de mes patientes n'atteignant que très rarement l'orgasme, je lui avais alors conseillé d'utiliser un vibromasseur, elle est revenue me voir en se plaignant de son inefficacité. Je lui ai demandé de me montrer, sur la paume de sa main, comment elle l'utilisait, et j'ai vite compris pourquoi il était d'une totale... « incompétence ».

D'une part elle l'appuyait trop fort sur son clitoris, et, d'autre part, elle le faisait vibrer à vitesse maximum sans avoir été au préalable excitée. Résultat, elle n'arrivait pas à détendre ses muscles et tout son corps se contractait comme pour résister aux vibrations.

Elle a appliqué les modifications que je lui avais suggérées, et a alors très facilement atteint l'orgasme. Peu de temps après, elle a pu complètement se passer de ce genre d'aide.

Avant de commencer. Lavez-vous soigneusement les mains et assurez-vous que vos ongles sont propres et courts.

L'exercice. Allongez-vous sur le dos et faites quelques pics et plateaux uniquement à l'aide de vos doigts (rappelez-vous les principes de base des caresses sensorielles). Stimulez doucement votre clitoris, comme si vous vous masturbiez « normalement ».

Ensuite, enchaînez les pics et les plateaux à des niveaux d'excitation un peu plus élevés, en utilisant le vibromasseur – mais sans l'actionner. Passez-le légèrement sur le clitoris, les petites lèvres et le méat urétral. Si vous vous servez d'un tel objet pour la première fois, prêtez une grande attention aux sensations qu'il vous procure.

Quelques minutes plus tard, actionnez-le à vitesse lente, et faites à nouveau quelques pics et plateaux de même niveau. Enregistrez maintenant ce que ressent votre corps.

Essayez d'atteindre des pics de plus en plus élevés. Au fur et à mesure que l'excitation vous gagne, accélérez la vitesse du vibromasseur et, si vous en avez envie, laissez-vous porter jusqu'à l'orgasme – et même à plusieurs de suite –, n'essayez pas de retenir votre plaisir. Avoir un orgasme n'en marque pas la fin. Essayez de jouir d'abord en respirant fort et vite, ensuite en restant complètement passive, puis en bougeant le bassin comme expliqué dans les premiers chapitres. Pour accroître votre excitation, frottez-vous sensuellement contre le vibromasseur, en faisant des mouvements de hanches, circulaires ou d'avant en arrière, et en décontractant au maximum les muscles des jambes.

EXERCICE 40 : RESPIRATION VAGINALE

Cet exercice vous aidera à identifier l'extrême fond du vagin et les muscles utérins dont les contractions peuvent jouer un rôle très utile – et agréable ! – pendant l'orgasme.

Le fond du vagin ne s'ouvre que lorsque vous êtes très excitée, c'est alors que la tension musculaire « soulève » l'utérus.

Comme tous les muscles, ceux qui soutiennent l'utérus doivent être entretenus. Le problème, bien entendu, est de les avoir localisés. Pour les faire travailler, le meilleur moyen est ce qu'on appelle – pas très joliment j'en conviens – la respiration vaginale : il s'agit d'aspirer de l'air par le vagin, puis de le rejeter.

L'exercice. Couchez-vous sur le dos et détendez-vous. Levez les genoux, et contractez les muscles du ventre ou du bassin. Lorsqu'une de ces contractions vous donne l'impression d'avoir aspiré de l'air par le vagin, ça y est, vous avez situé où se trouvent les muscles utérins.

Entraînez-vous à aspirer et à expirer l'air de cette façon ; chaque fois, le fond de votre vagin s'ouvre et se referme comme une huître. Plus tard, en utilisant ces muscles lorsque vous faites l'amour, vous en constaterez rapidement l'efficacité de par l'intensité du plaisir que vous allez ressentir.

Si vous ne parvenez pas à les repérer lorsque vous êtes allongée sur le dos, genoux pliés, essayez la position de la bicyclette. Prenez appui sur les coudes et soulevez la moitié inférieure de votre corps (il n'est absolument pas question de faire semblant de pédaler). Cette position suffira à « installer » l'utérus sur le vagin, lequel expulsera l'air lorsque vous vous reposerez sur le sol.

Entraînez-vous de cette façon et à plusieurs reprises, jusqu'à ce que vous ayez pu repérer les muscles qui se contractent. Vous pourrez ensuite essayer de les faire travailler sans recourir à cette astuce.

EXERCICE 41 : UTILISER UN VIBROMASSEUR POUR SE DÉCOUVRIR

Dans cet exercice, le vibromasseur va stimuler le point G, le col de l'utérus, le fond du vagin et le PC. Ainsi vous allez apprendre à connaître parfaitement vos « déclencheurs » internes. Notez bien ceux qui vous sont les plus agréables, et surtout les plus efficaces.

Avant de commencer. Pour localiser le point G, reportez-vous à l'exercice 13, chapitre 4. Prévoyez d'y consacrer trois quarts d'heure à une heure.

L'exercice. Allongez-vous sur le dos et caressez-vous la moitié supérieure du corps, puis descendez progressivement vers le sexe. Touchez-le doucement, comme si vous vous apprêtiez à vous masturber. Puis prenez le vibromasseur, effleurez-en légèrement et lentement votre clitoris, et faites quelques pics à des niveaux d'excitation assez bas.

Ensuite, introduisez le vibromasseur en vous de quelques centimètres, et faites-le lentement bouger en décrivant des cercles d'avant en arrière. Essayez d'atteindre de nouveaux pics à des niveaux moyens, en stimulant votre PC de cette façon. Ensuite retirez-le et recourbez-en l'extrémité, puis réintroduisez-le en vous et faites-le doucement frotter contre le point G.

Concentrez-vous sur cet endroit sensible, vous allez le sentir gonfler et se développer sous l'effet du plaisir. Puis procédez comme si vous vouliez « ramener » le point G vers l'entrée du vagin, et l'attirer vers l'extérieur. Que ressentez-vous ? Est-ce agréable, ou trop intense ?

A présent, introduisez-le plus profondément, au-delà du point G, pour trouver où se situe le col de l'utérus, faites-le bouger jusqu'à ce que vous sentiez un endroit un peu noueux et protubérant (lorsque vous appuyez dessus, vous ressentez une sorte de crampe). Insistez pour détecter jusqu'où vous pouvez aller sans que cela devienne douloureux, pour ainsi délimiter les frontières du plaisir.

Maintenant, repliez les jambes et faites aller et venir le vibromasseur dans votre vagin, de façon à imiter les mouvements de votre partenaire lorsqu'il vous fait l'amour. Dans le même temps, contractez vos muscles utérins comme vous l'avez fait au cours de l'exercice de respiration vaginale. Le fond du vagin va alors s'ouvrir, et vous allez pouvoir y glisser le vibromasseur : si vous êtes déjà très excitée, cela peut vous procurer des sensations très intenses, presque électriques. Il est même possible que ce soit difficile à supporter. Si c'est le cas, n'insistez pas.

Sinon, laissez votre vagin se refermer sur le vibromasseur, et tirez-le doucement tout en essayant de le retenir en vous. C'est un excellent exercice des muscles utérins. Avec un peu d'entraînement, vous pourrez contracter si fort ces muscles qu'il vous sera impossible de le retirer. Vous pourrez ensuite appliquer cette espèce de « piège » au pénis de votre compagnon lorsque vous faites l'amour, cela lui donnera, au moins, autant de plaisir qu'à vous.

La première fois que vous effectuerez cet exercice, explorez simplement les différentes parties de votre vagin. Ensuite, lorsque vous serez habituée à votre géographie interne, faites des exercices de pics et de plateaux en vous stimulant de cette façon.

Première variante. Les deux exercices suivants vous seront très utiles lorsque vous ferez l'amour. Si vous parvenez à atteindre des pics et des plateaux avec un vibromasseur, imaginez-en les résultats avec un homme !

Pour réaliser cet exercice, il est nécessaire que l'instrument utilisé soit muni d'une ventouse à la base. Comme précédemment, vous stimulerez vos déclencheurs internes tels le PC, le point G, le col de l'utérus et le fond du vagin, mais dans une position différente.

Allongez-vous sur le dos. Caressez tout votre corps d'une manière sensorielle. Puis masturbez-vous doucement de façon à atteindre des pics de niveaux moyens. Ensuite, collez la ventouse sur une surface plane – le sol par exemple – agenouillez-vous ou accroupissez-vous dessus, et stimulez votre PC en allant et venant lentement sur l'instrument.

Ensuite, descendez un peu plus bas de manière à le sentir contre le point G (pour y parvenir, il vous faudra peut-être en recourber la partie supérieure). Descendez un peu plus pour stimuler le col de l'utérus, et contractez les muscles utérins afin d'ouvrir suffisamment le fond du vagin de façon que le godemiché soit entièrement en vous. Vous vous apercevrez sans doute qu'il est plus difficile de faire travailler les muscles utérins agenouillée ou accroupie qu'allongée sur le dos. Plusieurs séances vous seront sans doute nécessaires pour y parvenir.

La première fois, n'utilisez le godemiché que pour découvrir les sensations qu'il procure dès qu'un déclencheur d'orgasme est touché. Ne vous soumettez pas à une pression inutile en essayant de faire des pics et des plateaux, vous en oublieriez de remarquer ce qui vous donne le plus de plaisir. Lorsque vous saurez exactement comment réagit votre corps aux différentes stimulations, vous pourrez aller et venir à votre guise sur le godemiché, et faire alors des pics et des plateaux.

Deuxième variante. C'est le meilleur exercice à ma connaissance pour devenir une « femme fontaine ». Beaucoup d'entre vous aimeraient y parvenir mais elles ignorent comment s'y prendre.

Tout d'abord, recourbez le godemiché et collez-le à l'aide de la ventouse sur une surface plane. Agenouillez-vous ou accroupissez-vous dessus et introduisez-le en vous jusqu'à ce qu'il touche le point G. Augmentez progressivement la pression, et ce, jusqu'à ce que vous sentiez le point G se dilater, et l'excitation que vous ressentez approcher du niveau 8.

Ensuite, changez légèrement de position, de façon que l'extrémité de l'instrument touche directement le point G. Enfoncez-vous sur lui de manière qu'il se comporte comme une sorte de crochet souple qui pousse doucement le point G. Respirez profondément et régulièrement pour laisser votre excitation s'amplifier.

Juste avant l'orgasme, relevez-vous et retirez le godemiché, alors vous sentirez peut-être une importante quantité de liquide couler le long de vos jambes – en tout cas, vous serez infiniment plus humide qu'à l'ordinaire ; recommencez chaque jour et ce, jusqu'à ce que vous deveniez une véritable femme fontaine.

Ces exercices ressemblent à ceux du chapitre précédent mais, cette fois, vous allez tenir le rôle actif. L'excitation que vous allez ressentir ne sera plus seulement physique, mais également psychologique.

EXERCICE 42 : LES PICS PENDANT LA PÉNÉTRATION

Maintenant vous savez atteindre des pics, soit en vous livrant à des jeux érotiques avec votre partenaire, soit seule à l'aide d'un godemiché ou d'un vibromasseur. Désormais vous allez faire la même chose mais en prenant « la direction des opérations ».

Les femmes ont un avantage non négligeable sur leurs compagnons : elles peuvent atteindre plusieurs pics de niveau 10 – celui de l'orgasme – à la suite les uns des autres. Essayez maintenant plusieurs pics successifs de très hauts niveaux, en vous concentrant chaque fois sur un déclencheur d'orgasme différent. Par exemple, en fixant votre attention sur le point G, puis en faisant intervenir votre PC ou le fond du vagin.

Avant de commencer. Allongez-vous près de votre partenaire et échangez des caresses sensorielles. Puis touchez-le, avec les mains ou la bouche.

L'exercice. Lorsqu'il est en érection, agenouillez-vous au-dessus de lui et caressez doucement son sexe avec le vôtre, comme lui l'a fait dans le chapitre précédent. Il doit être détendu et rester complètement passif.

Faites quelques pics à des niveaux d'excitation bas ou moyens (de 3 à 6) en frottant vos petites lèvres et votre clitoris sur son pénis. Utilisez son pénis pour prendre du plaisir. Cherchez ce qui vous excite particulièrement, en changeant de position ou de rythme, en vous frottant sur différentes parties de son sexe. Lorsque vous vous sentez prête, introduisez l'extrémité de son pénis en vous et stimulez votre PC. Essayez de faire un pic jusqu'à 7.

Lorsque vous y êtes parvenue, descendez lentement

sur lui, prenez son sexe en vous, puis allez et venez le plus lentement possible. Utilisez son pénis pour « explorer » votre vagin, exactement comme vous avez procédé avec le godemiché. Faites un ou deux pics niveau 8.

Ensuite, expérimentez différents mouvements. Si vous êtes à califourchon sur lui, introduisez profondément son pénis en vous, puis montez et descendez sur un axe vertical, donnez le plus d'ampleur possible aux mouvements de votre bassin pour que son pénis s'enfonce profondément à l'intérieur de vous. Si vos cuisses sont suffisamment musclées, accroupissez-vous sur lui (vous vous serez peut-être entraînée au préalable avec un godemiché). En posant les mains sur sa poitrine, ou derrière vous, utilisez vos bras pour aller et venir plus facilement et profondément sur lui.

Première variante. Une des façons les plus sensuelles d'effectuer cet exercice est de changer légèrement de position pour ne plus aller de haut en bas sur le pénis, mais d'avant en arrière. Pour cela, agenouillez-vous à califourchon sur votre partenaire et allongez-vous sur sa poitrine. Prenez appui sur les coudes, levez les fesses, tout en continuant à garder son sexe en vous. Il sera alors en contact avec votre point G. Lorsque vous bougerez le bassin d'avant en arrière, vous sentirez le pénis frotter contre ledit point G. L'intensité de votre orgasme vous surprendra.

Deuxième variante. Vous pouvez effectuer d'autres mouvements de bassin, toujours sur le sexe de votre partenaire. Assise sur lui, bougez les hanches et faites des cercles en remontant jusqu'à ce que son pénis soit presque sorti de votre vagin. Concentrez-vous et bougez aussi lentement que possible, en imaginant que votre sexe est une sorte de bouche qui suce le pénis.

Faites des pics aux niveaux 7, 8 et 9, ou plusieurs au niveau 9. Juste avant l'orgasme, ouvrez grands les yeux, respirez profondément et stoppez tout mouvement. Savourez votre jouissance, en laissant simplement l'orgasme éclater et exploser en vous. Les spasmes ne proviendront plus seulement du PC, mais de votre corps tout entier.

EXERCICE 43 : LES PLATEAUX PENDANT LA PÉNÉTRATION

Vous allez utiliser exactement les mêmes positions et mouvements que lors de l'exercice précédent, mais cette fois pour vous stabiliser sur des plateaux de très hauts niveaux d'excitation, et ce, pendant de longs moments.

Avant de commencer. Echangez des caresses sensorielles. Puis occupez-vous de votre partenaire en utilisant vos mains ou votre bouche. Lorsqu'il est en érection, agenouillez-vous à califourchon sur lui comme précédemment.

L'exercice. Tout d'abord, contentez-vous de quelques pics à des niveaux moyens (4 ou 5), pour vous habituer à cette position.

Ensuite, choisissez celle que vous préférez (à genoux, accroupie ou votre poitrine contre celle de votre partenaire), puis stabilisez-vous sur des plateaux à des niveaux plus élevés. Pour cela, souvenez-vous qu'il faut utiliser le muscle PC, la respiration, les mouvements du bassin et l'orientation des pensées. Faites un plateau en vous concentrant sur chaque déclencheur d'orgasme et en combinant les différentes méthodes jusqu'à les utiliser toutes en même temps. Essayez de vous maintenir à de très hauts niveaux d'excitation pendant de longs moments. Si votre partenaire – il doit rester passif – se concentre lui aussi sur les points de contact entre vos corps, son excitation montera en même temps que la vôtre. Lorsque vous serez très habituée à ces techniques, il pourra alors, lui aussi, se mettre à bouger. Normalement, vous devriez rester sur des plateaux de hauts niveaux sans que ses mouvements nuisent à votre concentration.

Pendant que vous faites l'amour, regardez-vous dans les yeux, car si vous focalisez votre attention *ensemble* sur ce qui est en train de se passer, votre excitation en sera grandement amplifiée.

Le meilleur moyen d'atteindre l'orgasme après une série de plateaux est de vous stabiliser un certain temps entre les niveaux 9 et 10 en utilisant les méthodes habituelles, puis de tout interrompre (respiration rapide, contractions du PC, etc.) d'un seul coup. Votre corps s'abandonnera alors immédiatement à l'orgasme.

EXERCICE 44 : L'ORGASME À L'INSTANT DE LA PÉNÉTRATION

On a fait croire aux femmes qu'il leur fallait de sept minutes à une heure pour accéder au plaisir. En réalité, si vous n'êtes pas excitée, vous n'arriverez pas à atteindre l'orgasme quel que soit le temps pendant lequel vous faites l'amour. Mais si vous êtes *très* excitée, vous pouvez jouir à l'instant même où vous êtes pénétrée.

Grâce à cet exercice, vous allez découvrir où réside le secret : il est dans les pics et non dans la pénétration elle-même. Pendant environ un quart d'heure, donnez-vous du plaisir avec le pénis de votre partenaire, rappelez-vous bien les exercices sensoriels, c'est très important, et surtout, maintenez votre attention sur le moment présent ; si vous anticipez, si vous pensez trop au plaisir que vous espérez ressentir, vous n'y arriverez pas car vous ne serez pas assez détendue pour parvenir à la jouissance.

Avant de commencer. Echangez des caresses sensorielles, ensuite demandez à votre partenaire de se coucher sur le dos, et caressez-le longuement. Tous deux devrez vous concentrer sur les sensations que vous ressentez l'un et l'autre, pour en profiter pleinement.

L'exercice. Prenez son pénis dans votre bouche, sans attendre de réaction particulière de sa part. Lorsque son sexe commence à durcir, agenouillez-vous sur lui et caressez-vous doucement avec en le passant sur votre clitoris et vos petites lèvres, mais sans le prendre en vous.

En vous stimulant ainsi, faites des pics aux niveaux 7 et 8. Entre chacun d'eux, n'hésitez pas à prodiguer des caresses buccales à votre compagnon pour le maintenir à de hauts niveaux d'excitation. Montez par pics successifs jusqu'au niveau 9.

Les muscles de vos jambes et de votre PC doivent être parfaitement détendus. Fermez les yeux et respirez de plus en plus vite et de plus en plus fort. Lorsque vous sentez que vous êtes au bord de l'orgasme, ouvrez les yeux, prenez une profonde inspiration, et « empalez-vous » sur le pénis. Normalement, vous devriez jouir instantanément – tout au moins dans les quinze secondes qui suivent après quelques allées et venues sur son sexe. Répétez cet exercice jusqu'à ce que vous réussissiez à jouir instantanément, et si vous effectuez quelques pics niveau 9 avant la pénétration, cela augmentera considérablement vos chances d'atteindre l'orgasme immédiatement.

Variante. Pour parvenir à jouir dès que votre compagnon entre en vous, aidez-vous de votre PC. Procédez comme décrit plus haut, mais au moment où vous vous installez sur son sexe, contractez brusquement votre PC, et ce, de toutes vos forces. Généralement, l'orgasme est alors fulgurant.

EXERCICE 45 : LA POSITION « TAC »

C'est une excellente variante de la position du missionnaire. En la modifiant légèrement, vous pouvez améliorer considérablement la stimulation sur le clitoris et accroître ainsi vos chances d'avoir un orgasme intense. Cette variante est appelée « technique de l'alignement coïtal », ou plus simplement TAC. Grâce à elle, votre excitation peut passer, en quelques instants, de 5 à 9.

Avant de commencer. Echangez des caresses sensorielles. Puis stimulez votre partenaire avec vos mains ou votre bouche, jusqu'à ce qu'il ait une érection.

L'exercice. Couchez-vous sur le dos. Votre compagnon va alors s'allonger sur vous et, sans plus attendre, vous pénétrer. Demandez-lui alors de se déplacer de quelques centimètres « vers le haut » de votre corps, le sien devant rester parallèle au vôtre. Son pubis se posera alors sur le vôtre, et la base du pénis appuiera légèrement sur votre clitoris.

Les mouvements qu'induit cette position sont probablement assez différents de ceux auxquels vous êtes habituée. Très souvent, les couples aiment se mouvoir en même temps, mais dans le sens contraire, pour que leurs sexes viennent à la rencontre l'un de l'autre, en quelque sorte en se « cognant » dès que le rythme s'accélère.

Dans la position appelée TAC, les deux partenaires doivent aller dans le même sens, et leurs mouvements sont très restreints, un peu comme si les sexes étaient soudés et se frottaient l'un contre l'autre.

C'est une position qui présente beaucoup d'avantages, le clitoris étant alors stimulé de façon continue. De plus, comme ni l'un ni l'autre ne bougez beaucoup, vous céderez nettement moins vite à la fatigue.

Vous pouvez également utiliser cette position pour faire des exercices de pics et de plateaux.

EXERCICE 46 : IMITER L'ORGASME

Si vous vous êtes adonnée à tous les exercices proposés jusqu'ici, il y a de grandes chances pour que vous ayez éprouvé plusieurs orgasmes, même si auparavant cela ne vous arrivait que rarement. Mais si ce n'est toujours pas le cas, je vais vous apprendre à procéder d'une façon des plus originales : vous allez tromper votre corps, de façon qu'il « pense » que vous êtes sur le point de jouir.

Souvenez-vous, lorsque vous éprouvez du plaisir, ce n'est pas seulement votre sexe qui réagit, mais tout votre corps. A l'instant où l'orgasme éclate, votre visage se crispe, votre cou, vos bras et vos jambes sont secoués de spasmes, et votre PC se contracte violemment. Si vous parvenez à atteindre le niveau 9 sans aller plus loin, donc sans tomber dans le gouffre du plaisir, cet exercice peut vous donner l'élan nécessaire pour y parvenir.

Avant de commencer. Vous pouvez effectuer cet exercice soit en vous masturbant, soit avec votre partenaire.

Il est préférable de s'y adonner après une séance de pics et de plateaux.

L'exercice. En respectant les principes des exercices sensoriels, caressez-vous de manière à légèrement dépasser le niveau 9. Puis prenez une profonde inspiration, « aspirez » avec votre bas-ventre, voûtez vos épaules dans le matelas, relevez les hanches, ouvrez grands les yeux et détendez complètement votre PC.

Cela peut être suffisant pour que vous ressentiez un orgasme, peut-être de faible intensité je vous l'accorde, mais le plaisir sera quand même au rendez-vous.

Il n'est sans doute pas évident d'utiliser toutes ces techniques ensemble ; c'est pourquoi il est plus simple de les aborder une par une, en atteignant des pics ou des plateaux de plus en plus élevés, et ce, jusqu'à ce que vous réussissiez à les combiner toutes ensemble.

Vous pouvez également feindre l'orgasme en vous comportant comme vous imaginez que le font toutes celles qui jouissent facilement. Que les femmes puissent avoir plusieurs orgasmes de suite est une idée tellement répandue que vous vous sentez la seule à ne pas y parvenir aisément. C'est totalement faux. Cela dit, cette rumeur peut vous être utile. Si vous croyez qu'elles extériorisent leur plaisir en s'agitant et en gémissant, voir en hurlant, imitez-les. Cela peut parfaitement vous aider à jouir.

Bien entendu, ces techniques ne constituent pas une « fin » mais un moyen. Et si les premiers essais vous paraissent très artificiels, c'est tout à fait normal. Mais, après un certain temps, votre corps « saura » quelles réactions accompagnent l'orgasme, et vous n'aurez alors, lorsque vous aurez atteint le niveau 9, qu'à le laisser faire.

Grâce aux exercices de cette troisième partie, vous avez appris à bien connaître votre corps, et à savoir de façon précise ce qui lui procure du plaisir. Etes-vous prête à en profiter ? Si oui, attendez-vous à vivre des expériences extraordinaires.

Dans la seconde partie, votre partenaire s'est lui

aussi familiarisé avec son corps et ses réactions ; désormais, vous êtes prêts à partager ensemble une très grande intimité et une intense jouissance.

La dernière partie du livre, « L'harmonie du couple », contient des idées à la fois érotiques et ludiques, pour créer encore plus de désir et de confiance entre vous. Et bientôt, vous pourrez connaître... l'extase.

Quatrième partie

L'HARMONIE DU COUPLE

12

Renforcer les liens qui vous unissent

J'ai pu le constater avec mes patientes : le programme détaillé tout au début de ce livre n'a pas pour seul bénéfice de renforcer les liens sexuels dans un couple, il renforce aussi, et sinon plus, le couple lui-même. A travers ce voyage au pays du plaisir, vous avez appris non seulement à bien connaître l'autre autant que vous-même, mais aussi à avoir mutuellement confiance l'un en l'autre. La sexualité amène à la sensualité, puis à l'émotion. Car tout est question d'amour, et ce, dans tous les sens du terme.

Maintenant, nous allons aborder l'émotionnel dans votre relation – sans perdre de vue, bien entendu, son aspect sensuel. Baisser sa garde face à son partenaire, abattre les barrières peut être la cause de certaines appréhensions, j'en suis consciente, c'est pourquoi il est indispensable que vous éprouviez une totale confiance l'un dans l'autre. Je vais donc vous proposer maintenant de vous aider à développer cette confiance, à indiquer plus aisément à l'autre ce que vous aimez ou n'aimez pas, et à entretenir votre spontanéité et vos côtés ludiques : en fait, tout ce qui est propice à, surtout, ne pas oublier que faire l'amour est avant tout un... plaisir.

Tout lien qui se tisse entre vous est important, plus ils seront nombreux, moins vous vous sentirez en état de pression sexuelle, et vous éprouverez enfin un réel sentiment de sécurité.

Les liens, comme le nom l'indique, sont ce qui lie émotionnellement une personne à une autre. C'est exactement ce qui se crée entre un enfant et ses parents, particulièrement dans les premiers moments de sa vie. Mais les adultes ont également besoin de se lier à leur partenaire, de manière sexuelle certes, mais aussi émotionnelle pour donner une réelle profondeur à leur relation et l'enrichir considérablement.

Pour ce premier exercice, l'un et l'autre allez simplement vous prendre dans les bras. Allongez-vous sur le côté, face à face. Installez-vous confortablement, enlacez-vous et regardez-vous dans les yeux. Ne parlez pas. La parole peut accroître le sentiment d'intimité, mais elle peut aussi susciter une certaine tension, ou vous distraire. Il est indispensable de passer ensemble un temps apparemment « inutile », simplement pour que vos corps apprennent de façon purement physique à se connaître et à s'apprécier – vous acquérerez ainsi une pleine conscience de l'autre. Restez enlacés pendant une quinzaine de minutes – bien sûr, plus longtemps si vous le souhaitez.

Ensuite vous pourrez essayer les positions suivantes :

« En cuillères ». Allongez-vous l'un contre l'autre mais sur le même côté, c'est-à-dire la poitrine de l'un contre le dos de l'autre, en passant un bras autour de son ventre. Cette position n'est peut-être pas aussi intime que la précédente, car se regarder est très important, mais elle est malgré tout très relaxante. Vous pourrez alors non seulement prêter une attention particulière à la respiration de votre partenaire, mais également respirer au même rythme que lui.

« Tendresse ». Couchez-vous face à face, sur le flanc. Celui des deux qui ressent un plus grand besoin de tendresse se décale légèrement vers le bas, de façon à enfouir son visage contre la poitrine de l'autre.

« Assise ». L'un de vous deux s'assied sur le lit, sur un canapé ou à même le sol, l'autre s'installe sur ses genoux. Celui qui est assis doit tenir tendrement son partenaire dans ses bras. Cette position est non seulement agréable, mais elle est également propice à resserrer vos liens, particulièrement après une séparation – voire une journée difficile.

Je vous conseille d'avoir recours à une de ces positions au moins quelques minutes chaque jour, soit au réveil, soit avant de vous coucher. Choisissez alors celle qui convient le mieux à vos besoins et à votre état d'esprit. Si vous avez passé une très mauvaise journée, par exemple, la position « tendresse » sera parfaite. Si vous souhaitez tous deux vous détendre, choisissez la « cuillères ». Si vous avez tout simplement envie de vous rapprocher l'un de l'autre, adoptez la première position, face à face et yeux dans les yeux.

LE BAISER SENSUEL

Il n'est question que de sexe, ou presque, depuis le début de cet ouvrage, mais je n'ai pas relégué aux oubliettes le plaisir le plus simple et le plus « accessible » : le baiser. Tout vient à qui sait attendre. Le baiser peut être une des caresses les plus sensuelles et les plus intimes que vous ayez à partager avec l'être que vous aimez. Les terminaisons nerveuses situées dans les lèvres étant extrêmement sensibles elles sont à même de nous procurer des sensations délicieuses. Mistinguett affirmait : « Un baiser, c'est une virgule, un point d'interrogation ou un point d'exclamation. » Les histoires d'amour commencent toutes, et toujours, par un baiser.

Embrassez-vous en essayant de suivre les principes de base des caresses sensorielles : pensez d'abord à votre propre plaisir, restez dans le moment présent, et concentrez-vous sur le point de contact entre votre bouche et le velours de ses lèvres ou de sa langue. Soyez attentif à tout ce que vous ressentez : le goût de sa bouche, la chaleur de sa langue, la douceur de ses lèvres sur les vôtres, et regardez-vous dans les yeux. Vous devez vous sentir vraiment *proches*. Concentrez-vous sur le moment présent, respirez calmement, décontractez-vous, savourez pleinement la sensualité de l'instant. Léchez les lèvres de votre partenaire, mordillez sa langue, aspirez-la. Ne précipitez rien. Ne pensez qu'à votre plaisir, n'anticipez pas sur la suite des événements.

Le baiser est un plaisir qu'on peut partager à tout moment mais surtout sans se presser, un plaisir à saisir à l'improviste. C'est un merveilleux prélude à l'amour, évidemment, mais vous devez aussi vous offrir ces moments de tendresse en dehors de tout contexte sexuel. N'hésitez pas à consacrer du temps à ce délice trop souvent négligé.

LES LIENS SEXUELS

Les adultes ont besoin de nouer entre eux des liens sexuels. Couchez-vous l'un contre l'autre, et vous, monsieur, « installez » votre pénis dans le sexe de votre compagne, puis restez serrés dans les bras l'un de l'autre, les yeux dans les yeux. Ne bougez pas. Ne parlez pas. Regardez-vous et savourez l'instant.

Essayez de rester « connectés » ainsi une quinzaine de minutes, en prêtant attention à toutes vos sensations. Que l'homme soit en érection ou non n'a aucune importance.

Si c'est le cas, bien sûr, c'est parfait, sinon, caressez-vous et entrelacez vos jambes. Avec un peu de lubrifiant, il est très simple d'introduire le pénis à l'intérieur du vagin, tout simplement en appuyant sur sa base comme expliqué dans l'exercice de pénétration au chapitre 7.

Vous n'êtes pas obligé de faire l'amour, mais si vous en avez envie, attendez une quinzaine de minutes et ne vous retenez pas. Mais n'y mettez surtout aucune pression. Certains aiment s'endormir ainsi, d'autres trouvent très agréable de conserver cette position après l'amour. Faites simplement ce qui vous plaît.

Je vous conseille de consacrer au minimum cinq à dix minutes par jour à ce plaisir paisible. C'est un exercice très agréable, et des plus utiles pour renforcer les liens déjà tissés entre vous.

LA MASTURBATION MUTUELLE

La masturbation est une de nos activités sexuelles les plus intimes et la plupart d'entre nous ont beaucoup de mal à partager ces moments avec leur partenaire, ce qui au demeurant est tout à fait compréhensible.

C'est pourquoi vous pouvez vous y adonner de deux manières différentes : soit l'un et l'autre en même temps, ou en vous allongeant côte à côte (tête-bêche, si vous préférez) en entreprenant de vous caresser comme si vous étiez seul. Pensez avant tout à votre propre plaisir. Mais lorsque vous sentez l'excitation monter en vous, vous pouvez alors regarder votre partenaire qui, comme vous le faites, se donne à lui-même du plaisir.

Vous pouvez également vous masturber à tour de rôle, sous le regard de l'autre. Livrer une telle intimité est souvent très difficile, mais essayez de surmonter votre pudeur.

Quand votre partenaire se sera masturbé pendant quelques minutes, prenez sa place. N'ayez pas peur de son regard. Détendez-vous, si cela peut vous aider fermez les yeux, et donnez vous du plaisir comme vous le faites habituellement en solo, et si vous en avez envie, allez jusqu'à l'orgasme.

De cette façon, chacun de vous découvrira les préférences de l'autre. Observez soigneusement les caresses que se donnent votre partenaire. Si vous en êtes tous deux d'accord, vous pouvez le prendre dans vos bras et le bercer pendant qu'il s'y adonne.

Lorsque vous aurez terminé, parlez-en ensemble. Si vous vous êtes senti nerveux ou gêné, n'hésitez pas à évoquer votre sentiment. Etre parfaitement sincère ne peut qu'accroître votre intimité. Exprimez également ce que, au cours de l'exercice, vous avez découvert de lui et de vous-même.

PARTAGER VOS FANTASMES

Partager vos fantasmes pendant que vous vous masturbez peut encore renforcer votre intimité. Celui qui en prendra le premier l'initiative doit alors livrer un de ses fantasmes tout en se donnant du plaisir. Son partenaire peut lui aussi se caresser bien sûr.

Si un fantasme vous paraît trop difficile à raconter, trouvez-en un autre pour le remplacer : par exemple, évoquez ce que vous aimeriez lui faire, ou ce que vous aimeriez qu'il ou elle vous fasse. N'hésitez pas à multiplier les détails. Evoquez tout ce que vous ressentez, ce que vous imaginez, décrivez vos réactions corporelles. Peu à peu, l'un et l'autre oserez en dire plus et les tabous disparaîtront les uns après les autres. Lorsque votre partenaire vous raconte un de ses fantasmes, essayez de réagir sainement. Ne vous sentez pas « menacée ». Vous devez accepter que vos désirs les plus profonds diffèrent des siens. Ne le jugez pas, car lui éprouvera le même sentiment lorsqu'il vous écoutera à son tour. Décontractez-vous, et appréciez la confiance qu'il ou elle vous fait en acceptant de partager avec vous des pensées d'une aussi grande intimité.

LA SERVIETTE

Cet exercice peut paraître a priori agressif. Mais il ne faut pas vous arrêter aux préjugés : il est de ceux qui peuvent renforcer votre confiance mutuelle, et vous débarrasser de cette fameuse pression de la performance qui nuit tellement au couple. Ce qu'en dit Bobbie est extrêmement intéressant : « Lorsque nous l'avons fait pour la première fois, j'étais vraiment très mal à l'aise, les pensées se bousculaient dans ma tête et je n'arrivais pas à me concentrer sur ce que faisait mon ami. Petit à petit, j'ai réussi à me détendre et le pratiquer est devenu pour nous, non seulement un plaisir extraordinaire, mais aussi une découverte étonnante. »

Pour cet exercice, vous allez recouvrir d'une serviette ou d'un morceau de tissu le visage de votre partenaire, ensuite, comportez-vous comme si son corps était un jouet que vous pouvez manipuler à votre guise, et avec lequel vous allez vous donner du plaisir, quelle qu'en soit la partie choisie.

Lorsque vous aurez terminé, échangez les rôles.

Il est sans doute préférable que la femme tienne

d'abord le rôle actif : ainsi, lorsque ce sera son tour de se laisser faire, elle sera déjà excitée. Mais ayez malgré tout un tube de lubrifiant sous la main, au cas où.

Conseils aux femmes. Lorsque vous êtes active, frottez-vous doucement sur le corps de votre partenaire. Léchez-le. Masturbez-vous avec son sexe. Asseyez-vous sur lui et introduisez son pénis en vous. Masturbez-vous en frottant votre clitoris sur ses genoux, ses hanches ou sa bouche. N'hésitez pas à extérioriser votre plaisir.

N'oubliez pas que le jeu érotique est avant tout une activité « animale ». Laissez-vous aller à gémir, grogner, crier, mordiller votre partenaire, le griffer, etc., avec douceur, bien sûr...

Conseils pour les hommes. Lorsque vous êtes actif, considérez votre partenaire comme une poupée avec laquelle vous avez le droit de jouer. Avez-vous déjà eu envie de faire l'amour à une femme endormie ? Est-ce un fantasme pour vous ? Eh bien, réalisez-le. Frottez-vous contre elle, frottez votre sexe sur les parties de son corps qui vous excitent le plus et pénétrez-la lorsque vous en aurez envie. Elle devra essayer de rester entièrement passive.

Conseils pour le partenaire passif. La serviette sur le visage doit vous permettre de respirer, bien entendu, mais surtout de ne rien voir.

Essayez de ne pas bouger, de ne pas réagir aux caresses, sauf s'il ou elle fait quelque chose qui vous dérange ou vous fait mal – dans ce cas, dites-le-lui.

Au début, vous ressentirez peut-être une certaine inquiétude due à l'ignorance de ce qui va advenir. Essayez de vous détendre le plus possible. Vous n'avez aucune responsabilité, vous n'êtes aucunement maître des événements, alors le mieux est d'en profiter. Vous êtes « dans » le fantasme de l'autre. C'est à lui ou elle de choisir ce qui lui plaît et l'excite, pas à vous.

Cet exercice renforcera votre confiance mutuelle, car vous allez pouvoir constater que, même lorsque vous êtes réduit à l'impuissance, votre partenaire ne vous veut, ni ne peut vous faire, aucun mal.

LE BONDAGE

C'est un exercice encore plus poussé. Le « bondage » signifie ligotage. Laissez votre partenaire vous attacher, et avec les matériaux qu'il veut : tissu, bas, cordelettes, ou liens plus sophistiqués comme ceux vendus dans les sex-shops.

Il ressemble au précédent : chacun de vous fera ce qu'il veut de l'autre pendant une vingtaine de minutes.

Lorsque vous tenez le rôle actif, attachez votre partenaire et utilisez son corps pour prendre du plaisir. Si vous êtes passif, n'hésitez pas à dire ce que vous n'aimez pas. Sinon, ne bougez pas, ne parlez pas, comme rien ne dépend de vous détendez-vous, et concentrez-vous sur vos sensations.

Pour beaucoup de personnes cette situation est très excitante, car elle présente un côté vaguement dangereux, c'est-à-dire... délicieux. D'apprendre à avoir une confiance aveugle en votre partenaire renforcera incroyablement vos liens.

« J'ai pas mal hésité avant de m'y lancer, m'a dit une de mes patientes, Susan. Mais j'étais également très curieuse d'essayer. J'ai décidé alors de faire confiance à mon mari, et me suis sentie nettement plus détendue, je n'ai pas cherché à résister et me suis laissée aller à toutes ces sensations nouvelles. » Malgré les apparences, c'est un exercice très différent des pratiques sado-masochistes. Le plaisir du masochiste naît de la peur, quand il ne peut pas se débattre et se sent pris au piège. Il aime cette sensation de danger imminent. Ici, c'est réellement très différent.

MIEUX COMMUNIQUER

Dans un couple, il est aussi important de communiquer que d'éprouver une confiance mutuelle. Jusqu'ici vous avez surtout appris à le faire par le biais du toucher. A quelques exceptions près, vous n'aviez pas besoin de parler pendant les exercices sensoriels proposés dans ce livre.

Ce n'est pas un hasard. Il vous fallait vraiment vous

sentir libre de toute pression, pour bien saisir les bases de cette méthode. Par ailleurs, se taire permet de mieux *ressentir*.

En effectuant les exercices de pics et de plateaux, vous avez pu échanger des informations précises sur le plaisir, et l'excitation. C'était un moyen de vous apprendre à communiquer et de vous faire éradiquer les mauvaises habitudes qui nuisent à la compréhension mutuelle. Nombreux sont ceux qui pensent expliquer clairement ce qu'ils aiment et ce qu'ils veulent, alors qu'en réalité leur partenaire a le sentiment qu'ils se plaignent ou quémandent des attentions particulières.

Les problèmes de communication constituent donc un véritable obstacle, comme l'a constaté un de mes patients, Jack :

« Je n'avais jamais réalisé que pendant l'amour, lorsque ma femme et moi parlions, nous ne nous comprenions absolument pas. Et malheureusement, dans ces moments-là, le commentaire le plus innocent prend immédiatement une importance considérable. Grâce à ces exercices, j'ai appris à définir exactement ce que je ressentais et à le dire à ma femme de manière simple et claire. A présent, nous n'interprétons plus nos remarques de travers, nous ne nous posons plus de questions oiseuses et avons ainsi une plus grande énergie à consacrer à notre seul plaisir. »

PARLER PENDANT LES CARESSES

Il est temps maintenant de joindre la parole aux gestes, si j'ose dire. Dans les prochains exercices, vous vous habituerez à parler sexe de manière « simple et claire », sans avoir peur de faire savoir ce qui vous fait vraiment envie.

Nous allons commencer par des caresses, à la suite desquelles vous allez dire exactement à votre partenaire les sensations qu'elles vous ont procurées. Ces caresses sensorielles seront gratuites, comme dans les exercices précédents.

L'exercice. Vous tenez le rôle actif. Caressez votre partenaire pendant une quinzaine de minutes, tout d'abord sur le visage, la poitrine ou les jambes, puis descendez vers le sexe. Lorsque vous avez terminé, dites-le-lui. Si vous tenez le rôle passif, concentrez-vous sur vos sensations et profitez des caresses sans parler, sauf si quelque chose vous dérange ou vous fait mal. En fin d'exercice, vous pourrez demander à votre partenaire de réitérer les caresses qui vous ont le plus comblé. N'hésitez pas à lui indiquer clairement ce que vous voulez, en employant les mots justes, et ce sans pudeur.

Si vous êtes actif et que la requête de votre partenaire ne vous semble pas claire, réclamez des précisions. Vous aussi utilisez les mots justes, même s'ils vous paraissent crus, vous l'aiderez ainsi à mieux se faire comprendre.

Lorsque vous êtes passif et que votre partenaire entreprend une caresse qui n'est pas tout à fait celle que vous lui avez demandée, remettez-le sur la bonne voie. Dites par exemple :

« Touche-moi un peu plus lentement. » Ne le laissez pas s'embarquer dans un attouchement qui ne correspond pas à ce que vous en attendez car alors cet exercice n'a plus aucun sens.

Conseils pour le partenaire passif. Au cours de cet exercice, vous devrez éviter quelques pièges. Par exemple : chercher avec une trop grande application ce que vous allez demander à votre partenaire ; résultat, il vous est alors impossible de profiter de ses caresses. Ne craignez rien : en temps voulu, vous vous rappellerez parfaitement quelles sont celles qui vous ont comblée et les réclamer vous sera alors tout naturel. Mais efforcez-vous surtout de garder l'esprit ouvert et concentrez-vous bien sur ce que vous ressentez au présent. Il sera toujours temps de revenir sur ce que vous auriez aimé recevoir.

Conseils pour le partenaire actif. Il y a différentes manières d'entendre et de comprendre l'autre. Supposons qu'en fin d'exercice votre compagnon vous demande de toucher à nouveau ses testicules, car il a beaucoup apprécié cette caresse ; peut-être allez-vous penser : « Est-ce la seule chose qu'il a aimée ? », mais efforcez-vous de ne pas essayer d'interpréter ce qui n'est, après tout, qu'une simple requête.

Encore un conseil : sachant que votre partenaire *veut* une caresse particulière, puisqu'il vous l'a demandée, vous oublierez peut-être de la lui prodiguer en vous concentrant sur votre propre plaisir, et vous recommencerez alors à essayer de lui « plaire ». C'est sans doute une des choses les plus délicates à maîtriser lorsque la parole doit s'ajouter aux exercices « muets » auxquels vous vous êtes livré jusqu'ici. Vous devez vous habituer à caresser votre partenaire en pensant uniquement à votre plaisir, même si vous avez la certitude qu'il aime beaucoup ce que vous lui faites. Si vous parvenez à établir un bon équilibre entre votre plaisir et la conscience que vous en donnez à votre partenaire, vous êtes vraiment sur le chemin de *l'harmonie*. Etre en harmonie avec soi-même avant de songer à l'être avec l'autre est une clé fondamentale du plaisir.

OBSERVER, TRANSMETTRE, DEMANDER

Cet exercice de communication doit se dérouler pendant que vous faites l'amour, et il va être d'une grande utilité pour ceux ou celles qui ont des difficultés à parler dans ces moments-là. Lesquels n'arrivent tout simplement pas à communiquer clairement parce qu'ils sont timides, pudiques ou gênés, et non parce qu'ils sont introvertis ou insensibles. Si votre partenaire dit fréquemment : « Je n'arrive pas à savoir ce que tu aimes vraiment », cet exercice vous concerne. Vous allez découvrir qu'il est très excitant de *demander* ce qui plaît, car on a alors l'impression délicieuse de transgresser un tabou.

L'exercice. Echangez des caresses sensorielles et déterminez qui sera le premier à tenir le rôle actif.

Quand vous êtes actif. Caressez le corps de votre partenaire, puis plus particulièrement son sexe, avec vos mains et votre bouche, le plus sensuellement possible, pendant une vingtaine de minutes.

Quand vous êtes passif. Indiquez à votre partenaire ce que vous aimez ou n'aimez pas. Lorsque quelque chose vous donne vraiment du plaisir, dites-le-lui. Si vous pensez par exemple : « J'aime quand elle touche mon pénis de cette façon », attendez un peu, puis répétez cette phrase à voix haute. Vous communiquez, vous *transmettez*. Puis, dites-lui que vous aimeriez qu'elle recommence :

« Caresse-moi encore de cette façon ». Vous *demandez*. Pendant les vingt minutes que dure l'exercice, répétez plusieurs fois ces phrases, et ce, dès que votre partenaire vous fait quelque chose de particulièrement agréable.

L'ORIENTATION DES PENSÉES

Cet exercice, qui peut être très amusant, fait appel à vos facultés de concentration car il s'agit pour vous d'orienter différemment vos pensées. Vous pourrez alors développer une plus grande capacité à vous concentrer sur un point précis, et renforcerez ainsi l'harmonie dans votre couple.

Jusqu'alors je vous ai, avant tout, demandé de vous concentrer sur le point de contact entre vos deux peaux. Toutefois, il vous est possible de porter votre attention plus précisément sur un point précis.

Lorsque vous vous masturbez, par exemple, vous pouvez vous concentrer sur ce que « ressent » votre main au contact de votre sexe, ou sur ce que « ressent » votre sexe lorsque votre main le caresse. Essayez de vous entraîner à fixer alternativement votre attention sur l'une et l'autre de ces sensations.

Lorsque vous faites l'amour, il se produit diverses choses, et ce bien au-delà du simple contact entre les deux sexes. Vous pouvez vous concentrer sur votre sexe ou sur celui de votre partenaire, mais il vous est également possible de vous focaliser sur des sensations éprouvées par d'autres zones de votre corps. Vous pouvez être attentif à ce que vous voyez, entendez ou sentez. En résumé : le sexe n'est pas la seule façon d'éprouver du plaisir.

Par exemple, prenez un orchestre symphonique : si vous entendez ce genre de musique pour la première fois, vous allez considérer l'ensemble comme étant un seul son. Mais après avoir écouté plusieurs concerts vous saurez distinguer les différents instruments : cordes, bois, etc. Et si vous êtes musicien, vous parviendrez à isoler le son propre à chacun d'eux.

Il en va de même dans le domaine de la sexualité, plus votre expérience sera élargie, meilleure sera votre capacité à vous concentrer sur des sensations précises. Examinons en premier les aspects les plus simples du prochain exercice.

L'exercice. Echangez des caresses sensorielles, puis allongez-vous côte à côte, confortablement et dans une position où chacun de vous peut accéder au sexe de l'autre.

Vous devez vous toucher *ensemble,* tout au long de cet exercice.

Commencez par vous concentrer ensemble sur le sexe de l'homme, consacrez-y quelques minutes, puis faites la même chose sur celui de la femme.

Ensuite, orientez vos pensées, et ce toujours ensemble sur la main de l'homme, puis, sur celle de la femme tout en restant parfaitement détendu et en contrôlant votre respiration, laquelle doit rester très régulière.

Ce n'est pas évident, et il faut pas mal de maîtrise de soi pour faire varier le point sur lequel on se concentre, c'est pourquoi il est plus simple au début de prévoir lequel de vous deux décidera du moment de ce changement d'orientation de la pensée.

Variante. Lorsque vous êtes familiarisés avec ce principe, essayez alors de vous concentrer sur plusieurs choses en même temps : par exemple, toujours ensemble, fixez votre attention sur la main de la femme et le sexe de l'homme, ou sur vos deux mains (celles qui caressent). Là encore, il est plus simple qu'un des deux partenaires décide des parties du corps ou des sensations sur lesquelles vous devez vous concentrer, et du moment où vous allez passer à autre chose. Vous pouvez également en décider chacun à votre tour.

Par la suite, vous pourrez appliquer ce principe à toutes les étapes qui ponctuent l'acte amoureux – pendant que l'un dispense une caresse buccale à l'autre, au cours de l'amour, et surtout (c'est un conseil d'amie), lorsque, tête-bêche, l'un et l'autre prodiguez des caresses buccales au sexe de votre partenaire, ce qu'on appelle communément le « 69 ». Cet exercice est un excellent moyen de développer l'harmonie entre vous, car l'un et l'autre ressentez exactement les mêmes sensations, au même moment.

Par exemple, pendant l'amour, concentrez-vous successivement sur le pénis puis sur le vagin, c'est une sensation très agréable et fort troublante. Et pendant que vous vous livrez audit « 69 », vous multipliez le plaisir par deux – au lieu comme trop souvent de le diviser. En effet, beaucoup de gens aiment cette position mais la trouve un peu frustrante. Si la bouche de votre partenaire provoque une trop grande excitation en vous, vous pouvez en oublier de lui donner du plaisir. Et inversement, si vous vous concentrez uniquement sur ce que vous êtes en train de faire, vous risquez de ne pas ressentir grand-chose. Voilà pourquoi, en orientant vos pensées ensemble et sur un même point, vous parviendrez à ne plus négliger ni votre plaisir ni celui que vous prodiguez à votre partenaire.

DEMANDER CE DONT ON A ENVIE

Cet exercice est un concentré de ce que vous avez appris dans ce chapitre : détecter ce dont vous avez le plus envie, le demander à votre partenaire, en jouir, puis fixer votre attention sur autre chose.

Il commence à l'instant même où vous entrez dans la chambre – et pour une fois, il n'est pas nécessaire de s'y préparer en échangeant des caresses sensorielles. Prévoyez une heure.

L'exercice. Celui ou celle qui tient le rôle actif doit tout d'abord demander à son partenaire ce qu'il souhaite. Supposons que la femme commence, son compagnon ne doit rien faire qu'elle ne lui ait réclamé, si elle désire qu'il se déshabille, elle doit simplement dire : « Déshabille-toi, s'il te plaît. »

Lorsque vous êtes actif, vous devez demander à votre partenaire de se plier à toutes vos requêtes, mais exprimez-les le plus clairement possible.

S'il ne s'exécute pas conformément à votre désir, précisez votre pensée, et surtout, n'hésitez pas à profiter pleinement du « pouvoir » qui est alors le vôtre.

Quand vous êtes passif, pliez-vous à tous les caprices de l'autre, sauf, bien entendu, si vous n'en avez aucune envie. Dans ce cas, dites-le-lui en toute simplicité et n'expliquez pas les raisons de votre refus – vous aurez tout loisir d'en parler plus tard.

Quand il ou elle réclame une attention plus particulière, n'oubliez pas de suivre les principes sensoriels, c'est-à-dire penser d'abord à votre propre plaisir. L'idéal étant que lorsque vous lui « obéissez » vous ayez en même temps conscience de votre plaisir et de celui que vous lui prodiguez à coup sûr.

Si vous êtes actif, n'essayez pas de deviner ce que l'autre aimerait, demandez-lui ce dont *vous* avez envie, et non pas ce que vous imaginez qu'il ou elle souhaite. Pour une fois, n'hésitez pas à être égoïste, prenez le temps de réfléchir à ce que vous voulez, et suivez votre humeur et vos impulsions *du moment*. Avez-vous envie de le ou la toucher, ou vous sentez-vous légèrement tendu(e) et vous préférez alors qu'il ou elle s'occupe de vous ? Etes-vous plutôt tenté(e) par des gestes sensuels et décontractants, ou par une activité plus sexuelle ?

Que vous soyez actif ou passif, respectez toujours les principes des exercices sensoriels : concentrez-vous sur vos sensations, respirez calmement et détendez-vous. Lorsque votre partenaire vous demande une caresse, faites-la pour votre plaisir personnel et entraînez-vous à focaliser votre attention sur différents points de son corps ou du vôtre, et sur ce que perçoivent vos cinq sens.

L'intitulé de cet exercice fait allusion à l'écriture automatique, un procédé littéraire inventé par les surréalistes – lesquels décidaient parfois d'écrire tout ce qui leur passait par la tête, sans chercher à analyser ou à ordonner leurs pensées au préalable. Quel rapport avec la sexualité ? me direz-vous. Eh bien, cette technique peut tout simplement vous aider à vous détendre, et à ainsi amener à une meilleure communication entre vous.

Certaines personnes éprouvent des difficultés à *dire* ce qu'elles ressentent et ce qui leur plaît particulièrement lorsqu'elles font l'amour. Elles se censurent si bien qu'elles ne parviennent plus à être spontanées, chose pourtant indispensable en ce domaine.

Entraînez-vous d'abord seul. Allongez-vous et caressez-vous – attention, ce n'est pas une séance de masturbation – en même temps, proférez à haute voix tout ce qui vous passe par l'esprit, ne vous censurez surtout pas, les mots vont alors sortir de votre bouche sans que vous ayez la possibilité de prévoir ce que vous allez dire. Même si cela vous semble stupide, vulgaire, ou sans rapport avec ce qui nous préoccupe, allez-y : grognez, gémissez, décrivez ce que vous ressentez ou faites, voire évoquez vos fantasmes. Vous pouvez vous attarder sur un même sujet, ou sauter d'un thème à l'autre, même s'il n'existe aucun rapport entre eux.

La première fois que vous vous livrerez à cet exercice, vous vous sentirez sans doute légèrement gêné, même si vous êtes seul (peut-être y parviendrez-vous seulement l'espace de quelques secondes). Mais forcez-vous à parler sans arrêt, même si vous avez l'impression que c'est idiot ou inutile. Si vous ne savez pas quoi dire dans un premier temps, contentez-vous de décrire vos sensations, en l'occurrence vous serez moins tenté de vous censurer et cela pourra servir de « fondations » à votre monologue. Faites cet exercice plusieurs fois en solo, jusqu'à ce que vous vous sentiez vraiment « débloqué ».

Vous allez à présent utiliser cet exercice pour accroître la confiance que vous éprouvez l'un envers l'autre.

Allongez–vous sur le dos et demandez à votre partenaire de vous caresser. Au fur et à mesure que l'excitation monte, dites à voix haute tout ce qui vous passe par la tête, sans censure ni en essayant d'ordonner vos paroles. Vous verrez, stimulé sensuellement par votre partenaire, vous allez vous mettre à parler, et ce en toute spontanéité, de sexualité. C'est un processus inconscient mais facile à comprendre.

Si vous tenez le rôle actif, pensez comme toujours à votre plaisir personnel. N'essayez pas d'analyser le discours de votre partenaire. Rappelez-lui simplement, s'il s'interrompt, de continuer à parler. Vous pouvez même utiliser un subterfuge – style boule Quies, pour ne pas entendre si vous avez le sentiment que cela l'embarrasse trop. Même si vous ne l'écoutez pas, il ou elle aura l'impression de vous faire partager un moment extrêmement intime, voire de vous livrer son inconscient. Emotionnellement, cette expérience est très enivrante.

Terminez l'exercice de manière le plus agréable possible, soit en discutant de ce que chacun de vous a dit, soit en concluant ce moment fort et excitant en faisant l'amour. Si vous vous sentez déstabilisé, et avez besoin de réconfort, utilisez une des positions évoquées au chapitre particulièrement destiné à renforcer les liens. L'important étant d'aller vers ce qui vous est le plus naturel.

NE PAS OUBLIER LE CÔTÉ LUDIQUE

La plupart des exercices sensoriels proposés jusqu'ici sont relativement structurés. Aussi, de temps à autre, il peut être utile de s'accorder une récréation, et de prendre du plaisir en s'amusant.

C'est pourquoi je vais vous faire quelques propositions à la fois sensuelles et ludiques. Bien sûr, elles peuvent vous servir de base pour en inventer d'autres ou laisser libre cours à votre imagination, car, en amour comme dans bien d'autres domaines, une part de jeu et de spontanéité est tout à fait indispensable.

LA CARESSE DU PIED

Ici, il s'agit purement et simplement de baigner les pieds de votre partenaire. Cela peut vous paraître bizarre mais, croyez-moi, c'est extrêmement relaxant. Lorsque je m'y emploie, je lave chacun des pieds de mon mari quelques minutes, puis je le caresse avec une crème ou une huile quelques minutes encore. Certes, ce contact n'est pas sexuel mais il peut contribuer grandement à stimuler le désir, après une journée difficile ; de plus, si votre partenaire est un peu trop tendu pour s'abandonner aux plaisirs de l'amour, il se révèle alors une excellente mise en condition.

Avant de commencer, munissez-vous d'une serviette, d'une bassine suffisamment grande, d'eau chaude, de savon liquide, d'une crème ou d'une huile spéciale.

Quand vous êtes actif. Remplissez la bassine d'eau chaude, et posez délicatement les pieds de votre partenaire à l'intérieur, ajoutez du savon liquide et caressez-les lentement. Utilisez les mêmes principes que pour les caresses sensorielles. Ne les massez pas. Vos mains doivent être douces et vos gestes lents. Occupez-vous d'un pied, puis de l'autre.

Lorsque vous avez terminé, prenez-les l'un après l'autre, séchez-les tendrement, et enveloppez-les dans une serviette. Ensuite, caressez longuement chaque pied avec la crème ou l'huile préparée à cette intention.

Quand vous êtes passif. Vous n'avez rien à faire, sauf vous détendre et éprouver du plaisir aux caresses qui vont vous être prodiguées. Profitez pleinement de la sensation qu'est celle d'être choyé, dorloté. Décontractez vos membres inférieurs. Vous n'avez même pas à bouger pour entrer dans la bassine ou en sortir. Votre partenaire s'en chargera pour vous.

LA DOUCHE SENSUELLE

C'est une caresse dispensée sur tout le corps qui, comme son nom l'indique, s'effectue sous la douche. Le but n'est pas de se laver, mais de prendre du plaisir et d'ajouter la sensualité de l'eau à celle des caresses.

Vous pouvez vous y prendre de différentes manières. Mais déjà le simple fait de prendre une douche ensemble peut se révéler très agréable et utile pour renforcer vos liens. Lorsque vous êtes sous le jet d'eau chaude, vous pouvez pratiquer toutes les caresses sensorielles évoquées jusqu'ici, chacun étant à tour de rôle actif. Vous pouvez, bien sûr, aussi, vous y adonner ensemble.

Avec du savon liquide, caressez les parties du corps de votre partenaire qui vous attirent plus particulièrement, et ce pour votre propre plaisir.

Si vous sentez l'excitation vous gagner, ne cherchez pas à résister, et entre les mains de votre vis-à-vis et l'eau chaude qui ruisselle sur votre corps, abandonnez-vous pleinement au plaisir. Certaines personnes aiment faire l'amour sous la douche, mais attention aux glissades, tout de même !

UN REPAS TRÈS SENSUEL

Le toucher n'est pas le seul sens susceptible de vous apporter du plaisir pendant l'amour. Loin de là.

Pour un repas sensuel, choisissez des aliments faciles à manger avec les doigts – et n'ayez aucun souci de propreté. Vous devez respecter trois règles : ne pas mettre vous-même les aliments dans votre bouche, ne pas parler et ne pas utiliser de couverts. Vous allez alors découvrir les étonnantes possibilités sensuelles de la nourriture lorsqu'on est enfin parvenu à se libérer du carcan des « bonnes manières ».

Voici quelques suggestions pour le choix des aliments : les fruits (notamment très juteux telles les oranges et les pêches), les crudités, les fromages, les viandes avec os, et plus généralement tout ce qui dégouline et conduit à se lécher les doigts... ou autre chose. Pour la boisson, si vous aimez l'alcool, préférez le vin ou du champagne, mais une eau gazeuse ou des jus de fruits peuvent parfaitement faire l'affaire.

Déposez les aliments sur un drap de façon à protéger sol et meubles. Déshabillez-vous. Détendez-vous le plus possible et caressez-vous si vous avez besoin de vous mettre en condition. Puis, lancez-vous. Chacun de vous doit nourrir l'autre. Ne pensez qu'à vos sens, tous vos sens, vous devez sentir les aliments glisser entre vos lèvres, sur la langue, dans la gorge.

Regardez votre partenaire manger. Etalez de la nourriture sur son corps et absorbez-la, léchez-la. Au moment de boire, prenez du vin ou du jus de fruits dans votre bouche et laissez-le couler dans celle de votre partenaire tout en l'embrassant.

Par jeu, vous pouvez disposer les aliments, sur le drap ou sur vous en dessinant un sexe, des seins ou des fesses, et regarder votre partenaire les lécher ou les croquer. N'hésitez pas à faire du bruit en mâchant, ou n'importe quel autre, jugé inconvenant « dans le monde », ou même à table, au quotidien. Si vous renversez de la nourriture, ce n'est pas dégoûtant, bien au contraire – vous pouvez lécher ce qui a débordé ou, mieux, demander à votre partenaire de le faire. Terminez ce repas de fête en vous lavant ensemble avec des serviettes humides et chaudes, ou prenez, toujours ensemble, une douche – sensuelle, bien entendu.

STIMULER LES CINQ SENS

Pour cet exercice, il va vous falloir réunir des éléments propres à éveiller tous les sens de votre partenaire.

Si vous tenez le rôle actif, c'est à vous de préparer la chambre. Si vous êtes une femme, allumez par exemple une bougie parfumée au jasmin pour stimuler l'odorat de votre compagnon, enfilez des vêtements et des sous-vêtements sexy, des plus agréables à regarder, et mettez une musique douce et sensuelle, en fond sonore. Vous pouvez ensuite déboucher une bouteille de son vin préféré, et le caresser du bout des doigts. Ses cinq sens seront alors tous comblés.

Lorsque ce sera à vous d'être passif, concentrez-vous sur chacun desdits sens. Que chacun d'eux reçoive une seule sorte de stimulation suffit amplement. Si vos sens étaient sollicités de toutes parts, vous ne sauriez plus où donner de la tête – et du reste.

LA DÉCORATION DU CORPS

Vous pourrez également passer de très bons moments grâce à la peinture sur corps. Dans le commerce (en particulier dans les sex-shops) ou par correspondance, vous en trouverez même de la comestible.

Pour peindre votre corps, installez-vous dans la baignoire ou sous la douche, voire dans le jardin si vous en avez un et que personne ne peut y jeter de coups d'œil indiscrets, et n'hésitez pas à donner dans l'exotique. Plus les dessins et peintures seront primitifs, mieux ce sera. Car ici vous devez aborder un aspect de la sexualité plus animal, plus sauvage. Et faire un retour aux sources du plaisir. Lorsque vous vous êtes « décorés », et ce le plus largement possible, alors couchez-vous par terre pour y faire l'amour. Si la peinture est comestible, léchez-vous l'un et l'autre et, si cela est possible, mettez également en fond sonore un disque de musique tribale d'assez forte puissance.

JOUIR ENSEMBLE

Pour synchroniser les orgasmes et parvenir à jouir ensemble, il est nécessaire lorsque vous faites l'amour que l'harmonie entre vous soit si parfaite que vous ayez alors le sentiment de ne plus former qu'un seul être.

Pour cet exercice vous devez revenir aux premiers principes sensoriels – concentration, respiration et décontraction –, vous pourrez associer ce que vous aimiez auparavant faire pendant l'amour et ce que ce livre vous a appris – beaucoup de choses, j'espère. Vous vous apercevrez alors que les principes sensoriels ont vraiment transformé votre façon de faire l'amour.

Avant de commencer. Faites ce que vous voulez – c'est-à-dire entamez les prémices de l'acte amoureux comme vous aimez. Décidez par avance de la position à prendre, une seule obligation : vous devez vous faire face.

L'exercice. Celui des deux qui est « au-dessus » de l'autre doit garder un parfait contrôle de ses mouvements de va-et-vient. Il va au début se mouvoir très lentement, son partenaire doit suivre son rythme. Concentrez-vous sur la rencontre de vos sexes. Soyez détendus et respirez calmement.

Si vous êtes un homme, imaginez que vous êtes en train de caresser le vagin de votre compagne avec votre pénis.

Si vous êtes une femme, imaginez que vous caressez le pénis de votre compagnon avec votre vagin.

Vous pouvez de temps à autre fermer les yeux, mais lorsque vous les ouvrez, regardez bien en face ceux de votre partenaire. Puisque vous vous êtes adonné aux exercices de pics décrits plus hauts, vous devez avoir, et ce sans y réfléchir, parfaitement conscience du niveau atteint par votre excitation, et je suis sûre que vous connaissez également celui de votre partenaire – son rythme cardiaque et sa respiration ont dû vous y aider.

Quand celui ou celle qui est « au-dessus » approche de l'orgasme, l'autre alors le suivra naturellement. Dès que vous commencez à jouir, prenez une profonde inspiration, détendez tous vos muscles, ouvrez grands les yeux et plongez-les dans ceux de l'autre.

Jouir ensemble est une sensation merveilleuse, et vous penserez alors que vous avez atteint le summum du plaisir. Eh bien, croyez-moi, vous pouvez aller beaucoup plus loin et beaucoup plus haut.

13

Du bien-être à l'extase

En apprenant à mieux faire l'amour, vous n'avez pas seulement développé votre aptitude au plaisir : un matin, en vous réveillant, vous constaterez que votre peau est saine et fraîche, comme si elle avait retrouvé une seconde jeunesse – et c'est valable également pour votre partenaire – vous respirerez le bien-être.

La pratique régulière des techniques sensorielles vous a apporté tout cela. Et bien plus encore.

Vous l'avez sans doute remarqué, ces principes et les exercices sont *très* relaxants. Si vous pouvez vous accorder une à trois séances par semaine, vous vous apercevrez que votre corps s'est habitué à cet état « décontracté ». Cela est devenu pour vous une seconde nature, laquelle vous permet d'opposer une meilleure résistance aux tensions physiques ou psychologiques.

Par ailleurs, les exercices sensoriels réclament d'être exécutés avec une attention soutenue et une ouverture d'esprit que vous aviez peut-être perdues : retrouver la faculté d'apprendre des choses nouvelles va ramener une certaine fraîcheur et une réelle vivacité dans votre vie, et ce à tous les niveaux. Vous redevenez un être capable de « découvrir ».

De plus, ces exercices vous ont donné une dimension nouvelle : désormais vous savez assumer votre plaisir et affirmer vos désirs. Au bout de quelques semaines, vous vous sentirez mieux dans votre peau et en harmonie parfaite avec votre corps, car il se sera révélé pour vous une source infinie de plaisir.

Les exercices sensoriels ont également aidé à renforcer vos sentiments mutuels en permettant une meilleure communication entre vous, une plus grande intimité et en renforçant votre confiance l'un en l'autre.

Votre amour ainsi fortifié, cela aura pour corollaire immédiat d'améliorer vos relations avec autrui comme si tant de bien-être « débordait » autour de vous. Ce qui est extrêmement utile, surtout à notre époque. Par exemple, saviez-vous qu'en éradiquant toute pression dans votre vie sexuelle vous avez appris – sans en avoir conscience – à résister au stress, à l'anxiété, et même à la dépression ? Une relation sexuelle saine et satisfaisante permet d'accroître la confiance en soi, et de ne plus se sous-estimer. La vie de beaucoup de mes patients en a été littéralement transformée. L'énergie sexuelle est tellement importante – si essentielle au sens premier du terme – que, lorsque nous lui laissons la possibilité de s'exprimer pleinement, non seulement nous libérons notre corps, mais notre quotidien en est réellement transfiguré.

D'un point de vue purement physique, bien faire l'amour est indispensable. De sérieuses études ont démontré que cela aidait à renforcer le système immunitaire, à éviter des problèmes cardio-vasculaires, à atténuer les troubles prémenstruels chez la femme et à supprimer pas mal de petites douleurs quotidiennes. Et ce, grâce aux endorphines, ces analgésiques naturels libérés par le corps lorsque nous faisons l'amour.

Se livrer ensemble à ces exercices sensoriels peut également aider à « recoller les morceaux » d'un couple en difficulté. Vous n'arriverez à les pratiquer correctement qu'en apprenant à oublier, momentanément, le reste du monde pour ne vous concentrer que sur vous deux. Et petit à petit vous allez vous habituer à vous consacrer mutuellement du temps, à mieux communiquer et à exprimer vos sentiments et vos envies en toute simplicité – toutes choses qu'on a tendance, au fil des années, à oublier.

Savoir que votre partenaire vous désire, pense à vous, veille sur vous, est incontestablement indispensable pour être réellement épanoui. Vous faire l'amour l'un à l'autre et à tour de rôle est une des manières les plus simples d'y parvenir. Ne pas toujours faire l'amour « ensemble » mais s'occuper uniquement du plaisir de l'autre est une manière de lui faire un véritable cadeau.

Demandez à votre partenaire de s'allonger sur le dos et de se décontracter. Regardez-le amoureusement au fond des yeux, hypnotisez-le, obligez-le à se concentrer sur ce que vous lui faites ; plus vous y prendrez du plaisir, plus vous serez concentré, plus le résultat en sera gratifiant.

Caressez le corps de votre partenaire, puis posez votre oreille sur sa poitrine pour écouter battre son cœur. Multipliez les points de contact entre vous, touchez doucement son sexe en gardant une main ou une oreille sur son cœur. Ou, si vous préférez, mettez votre visage près du sien, et regardez-le intensément.

Lorsque vous commencez à faire l'amour à votre partenaire, concentrez toute votre énergie sur lui, comme si vous aviez le pouvoir de guérir ses maux, de soulager ses peines, de l'envelopper de confort et de bien-être. Ne vous y trompez pas : le but ici n'est pas de lui faire apprécier vos caresses, donc ne cherchez pas à le caresser au *bon* endroit ou de la *bonne* manière, vous devez tout simplement lui donner la sensation de baigner dans le bien-être. Vous parviendrez alors à saisir presque physiquement comme un courant apaisant passer entre vous.

L'EXTASE

Nous allons maintenant gagner les plus hauts sommets du plaisir : l'extase. Et c'est une pure merveille, au-delà de tout ce que vous avez connu. Vous y parviendrez sans l'avoir cherché, sans même l'avoir voulu et sans l'avoir attendu en atteignant l'orgasme. Vous reconnaîtrez immédiatement cet état si particulier. Il est impossible de s'y tromper.

Vous vous sentirez alors si proche de l'autre que vous aurez réellement le sentiment d'avoir atteint la fusion totale. En quelques secondes, vous vous sentirez des pieds à la tête parcouru d'un grand frisson et catapulté dans une autre dimension – une dimension extraordinaire, qu'un seul mot peut approcher : cosmique.

J'en ai quant à moi fait l'expérience, mais il est extrêmement difficile d'expliquer cette merveilleuse sensation, et même de la mettre en mots.

Je ne peux comparer cet état qu'à celui recherché par les bouddhistes, le moment où, libérés du désir, ils parviennent à un état de conscience modifiée. Le plaisir est alors d'une telle intensité, que l'orgasme ordinaire n'a plus rien à voir avec ce sentiment d'infini atteint comme par magie. Et longtemps après, on en reste encore abasourdi.

Toute expérience spirituelle est personnelle, à tel point qu'il est impossible de décrire un « état extatique ». Je ne peux que vous rapporter ce que m'en ont dit quelques patients.

« Alors que j'étais en train de faire l'amour, j'ai ressenti plusieurs orgasmes, et le dernier a duré une éternité. J'ai eu l'impression de jouir encore et encore, pendant de longues minutes. Mon mari m'a confié que je lui avais donné l'impression de ne plus avoir de regard. Pendant quelques instants, je me suis réellement sentie... une autre. »

« J'ai vu Dieu, Bouddha et Allah. » (Pour mon patient, c'étaient des métaphores, bien sûr.)

« En approchant de l'orgasme, j'ai senti une boule de lumière vive et chaude naître entre mes jambes, remonter lentement dans mes reins et le long de ma colonne vertébrale, et lorsqu'elle a atteint mon cerveau, j'ai ressenti une jouissance extraordinaire. C'est une des sensations les plus étranges de toute mon existence. J'ai demandé à ma femme si elle avait ressenti la même chose et elle m'a répondu qu'elle avait eu l'impression qu'ensemble nous nous élevions, enfin nos deux corps, d'une dizaine de centimètres au-dessus du lit.

Certaines personnes racontent qu'elles ont « vu » des couleurs vives ou des images, d'autres assurent avoir entendu une musique ineffable, d'autres encore se sont senties entrer en communion avec l'univers. Ces expériences de modifications de la conscience sont vraisemblablement dues, du moins en partie, aux endorphines – lesquelles ont à la fois le pouvoir d'apaiser la douleur et de créer des états de plaisir intense, à la manière d'une drogue.

On ne peut pas *essayer* d'atteindre l'extase. Chaque fois que cela m'est arrivé, c'était vraiment inattendu. Mais ce que je sais, c'est que l'approche sensorielle de l'amour est la plus susceptible de vous y faire accéder. Pour atteindre l'extase, il faut être prêt : c'est-à-dire être entièrement concentré sur ses sensations et complètement dans le moment présent.

POURSUIVRE LE CHEMIN

Grâce aux exercices décrits dans ce livre, vous avez appris à profiter pleinement des contacts – de toutes sortes – entre votre partenaire et vous. Vous avez appris à toucher et à être touché. Vous avez appris à lâcher prise, à vous détendre, à savourer pleinement le plaisir donné par votre partenaire et le désir que vous éprouvez pour elle ou lui. Grâce à ceux concernant les pics et les plateaux, vous savez désormais profiter du potentiel extraordinaire que recèle votre corps. Et en fin de compte, vous avez appris à établir une excellente communication entre vous et à renforcer votre intimité. Ne serait-ce pas cela qu'on appelle « l'amour » ?

Ne vous arrêtez pas en chemin, continuez à pratiquer quotidiennement les exercices sur la respiration, le PC et les liens affectifs et sensuels tissés entre vous. Ainsi, seront entretenus votre corps, vos sens et votre amour mutuel.

Rien ne vous empêche de refaire, de temps à autre, d'autres exercices, si vous en avez envie ou en ressentez le besoin. En les combinant, en associant ce que vous savez sur les possibilités de votre corps, sur les caresses sensorielles, la relaxation, les pics et les plateaux, vous pourrez varier les plaisirs de l'amour à l'infini.

Annexe A

Les organes génitaux

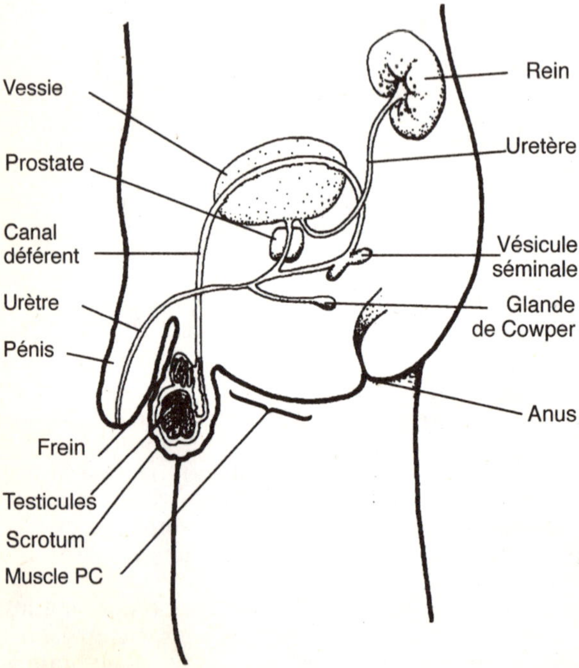

Organes génitaux de l'homme

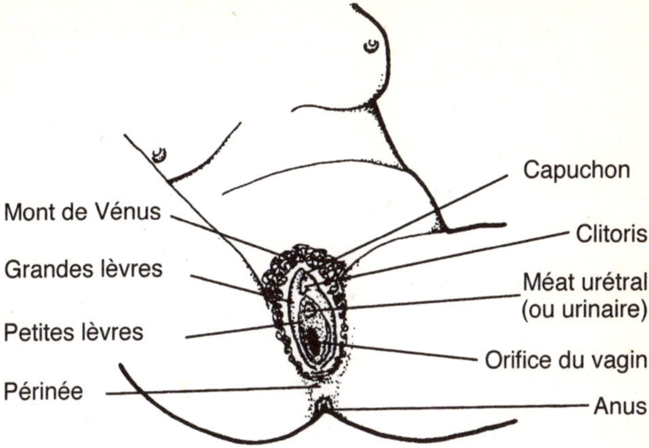

Organes génitaux externes de la femme

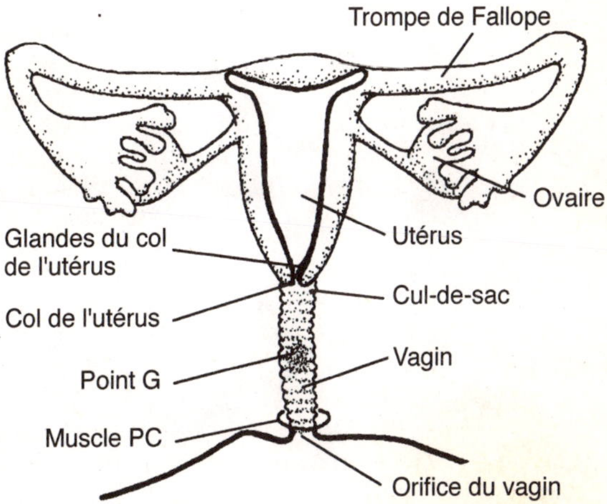

Organes génitaux internes de la femme

Annexe B

Problèmes les plus courants

A un moment ou à un autre de sa vie amoureuse, chacun d'entre nous a dû faire face à un problème d'ordre « technique » : difficultés à atteindre l'orgasme, angoisse de la performance, etc. Certains des exercices sensoriels décrits ici sont d'une réelle utilité pour aider à surmonter ces menus soucis. Nous allons donc passer en revue les problèmes les plus courants tant pour les hommes que pour les femmes.

L'ÉRECTION

Si vous avez des problèmes d'érection, ou s'il vous est arrivé d'en avoir, vous devez d'abord déterminer si ces « pannes » sont de nature physiologique ou psychologique. La chose faite, reportez-vous aux exercices du chapitre 7.

Si vous n'avez pas d'érection matinale, ou lorsque vous vous masturbez, votre problème est probablement d'ordre physiologique. Il serait bon alors de consulter un médecin ou un sexologue spécialisé car les causes peuvent en être multiples.

Si vous avez des érections au réveil mais pas avec votre partenaire, c'est probablement d'ordre psychologique. Les exercices du chapitre 7 sont là pour vous aider.

Mais vous pouvez également essayer celui-ci : la pénétration « gratuite » (j'ai déjà expliqué ce que j'entendais par « gratuit » : vous ne demandez rien à votre partenaire, et n'attendez rien d'elle en retour). Il a aidé beaucoup de mes patients à surmonter leur angoisse de l'érection.

LA PÉNÉTRATION GRATUITE

Certains hommes entrent facilement en érection lorsque leur compagne les caresse ou lors d'une fellation, mais dès qu'ils veulent la pénétrer, l'angoisse submerge leur désir. Vous sentir en parfaite confiance avec votre partenaire est alors nécessaire. Prenez tout votre temps pour faire calmement cet exercice, soyez le plus décontracté possible et concentrez-vous uniquement sur ce que vous ressentez, il vous aidera à anéantir cette fameuse peur de la pénétration.

Avant de commencer. Echangez des caresses sensorielles, puis touchez longuement et tendrement les seins, le ventre, les jambes et le sexe de votre partenaire.

L'exercice. Allongez-vous sur le dos et entamez une série de pics tandis que votre compagne vous caresse de ses mains et de sa bouche. Dès que vous êtes en érection, elle vient s'asseoir sur vous et vous fait l'amour quelques secondes seulement – elle doit aller et venir cinq ou six fois, pas plus – vous devez rester totalement passif. Cela devant être très court, vous n'avez pas à « essayer » de rester en érection.

Ensuite, votre compagne devra vous faire faire une série de pics avec sa main ou sa bouche.

Elle recommencera plusieurs fois, en restant un peu plus longtemps sur vous à chaque reprise. N'essayez pas de rester en érection, elle n'attend rien de vous. Mais au bout d'un certain laps de temps vous vous sentirez détendu et confiant, alors libéré de toute pression, vous parviendrez sans le moindre « effort » à l'érection.

Si nécessaire, répétez plusieurs fois l'exercice. Ensuite, reprenez ceux du chapitre 7.

Certains hommes éjaculent trop rapidement, résultat : ils n'ont absolument pas le temps d'avoir du plaisir – et bien entendu, leur partenaire non plus. Si vous avez souvent ce genre de problème, reprenez les exercices du chapitre 6. Voici quelques suggestions supplémentaires :

• Pour apprendre à tempérer votre excitation, orientez-vous plus particulièrement sur les exercices destinés à faire travailler le PC.

• Pour être détendu pendant l'amour (ce qui est primordial pour ne pas éjaculer trop vite), revoyez les exercices sensoriels de base, ceux décrits au tout début du livre. Ne pensez pas à l'éjaculation, n'essayez pas de vous retenir. Concentrez-vous sur vos sensations.

• Vous pouvez également diviser les exercices en plusieurs parties, par exemple, vous pouvez consacrer une séance de pics de 1 à 7 et, plus tard, une autre aux pics supérieurs. Si l'exercice comporte une stimulation manuelle et buccale, et une pénétration, faites-le en deux fois. Si au cours de l'exercice vous devez prendre deux positions différentes, faites-le également en deux temps.

• Prenez tout votre temps pour vous familiariser avec la fameuse échelle d'excitation de 1 à 10. C'est d'ailleurs un conseil valable pour la méthode dans son ensemble : rien ne presse.

• Enfin, pendant les exercices, oubliez l'éjaculation, ne cherchez pas à la contrôler, détendez-vous, respirez calmement, et concentrez-vous sur vos sensations. Votre corps apprendra peu à peu, et sans que vous en ayez conscience, à se contrôler « tout seul ». Quel que soit le moment où vous éjaculez, prenez-y du plaisir. Peu à peu, la pression disparaîtra. Faites-moi confiance : ça marche.

L'éjaculation est une espèce de réflexe. Vous ne pouvez pas la déclencher. La seule parade possible est de décontracter votre PC et de vous « ouvrir » le plus possible au plaisir. Ne pensez qu'aux sensations dont vous voulez profiter et non au moment où vous allez éjaculer.

S'il vous faut trop de temps pour « réussir » à éjaculer, revoyez les exercices du chapitre 6, et particulièrement ceux concernant la sensibilité du pénis. Il faut absolument éviter de vous *forcer* à éjaculer. Au début, pour éradiquer ce genre de pression, essayez, avant de faire l'amour, de vous fixer un temps limité ; par exemple, arrêtez-vous au bout de quinze ou vingt minutes, que vous soyez ou non proche de l'éjaculation.

Certains hommes peuvent éjaculer facilement en se masturbant, ou à la suite d'une fellation, mais pas en faisant l'amour. Si c'est votre cas, les exercices des chapitres 6 et 8 ainsi que les deux suivants vous intéressent.

CHANGEMENTS DE POSITION

Si vous avez pris l'habitude de vous masturber dans une position précise, vous réaliserez peut-être que c'est la seule qui vous permet d'éjaculer facilement. D'où l'importance d'apprendre à y parvenir autrement.

Pour cela, adonnez-vous aux exercices de pics à faire seul, présentés chapitre 3. Faites un premier pic dans votre position habituelle, disons sur le dos, puis changez de position – couché sur le côté ou à genoux – et faites un nouveau pic. Alternez ainsi les positions jusqu'à ce que vous soyez capable d'atteindre des pics aux niveaux 8 ou 9 de cette nouvelle façon.

Puis reprenez votre position habituelle et allez jusqu'au point de non-retour. Au moment d'éjaculer, revenez vite à une position nouvelle. Au bout de quelques séances, vous vous apercevrez que vous arrivez sans problème à éjaculer dans une position différente de celle qui, jusque-là, vous paraissait indispensable pour atteindre l'orgasme. Effets qui vous seront également très bénéfiques pour faire l'amour.

Refaites les exercices de pics et de plateaux du chapitre 8, pour vérifier à quel niveau d'excitation vous pouvez monter en faisant l'amour. Supposons que vous parveniez au niveau 8 sans problème, sans avoir fait d'efforts pour y arriver ; à ce moment-là, éloignez-vous légèrement de votre partenaire et masturbez-vous jusqu'à 9.

Puis pénétrez à nouveau votre compagne et essayez d'atteindre le plus haut niveau d'excitation possible. Alternez les pics en vous masturbant, puis en faisant l'amour, jusqu'à ce que vous soyez au bord de l'éjaculation. A ce moment-là, masturbez-vous jusqu'au point de non-retour, puis pénétrez rapidement votre partenaire pour éjaculer à l'intérieur d'elle.

Le plus difficile, dans cet exercice, est de rester détendu et d'éviter toute pression. Il vous faudra peut-être le réitérer plusieurs fois avant de savoir exactement quelles positions (pour vous masturber et pénétrer votre partenaire) sont les plus agréables et les plus relaxantes, et ce pour votre plaisir mutuel.

L'ORGASME FÉMININ

Les exercices de la troisième partie, « Le plaisir chez la femme », peuvent aider n'importe laquelle d'entre vous à accroître l'intensité de ses orgasmes. Mais si vous avez répété tous les exercices au moins trois fois et que vous n'arrivez toujours pas à avoir d'orgasme, il ne faut pas désespérer. J'ai une nouvelle suggestion pour vous y aider : stimuler votre clitoris pendant que vous faites l'amour.

Si vous ne parvenez pas à jouir, c'est peut-être tout simplement que les déclencheurs d'orgasmes internes (le point G, le col de l'utérus et le cul-de-sac) ne sont pas, en ce qui vous concerne, vraiment efficaces. Le clitoris est le déclencheur d'orgasmes le plus fiable. Le seul problème étant que peu de positions permettent de le stimuler suffisamment pour vous amener à l'orgasme. Alors entreprenez de le stimuler vous-même manuellement – votre partenaire peut également s'en charger pour vous – on peut considérer cela comme une solution de rechange. Une solution provisoire. Vous savez comment faire l'amour, vous savez comment vous donner du plaisir en vous masturbant, il ne vous reste plus qu'à connecter les deux.

Echangez des caresses sensorielles avec votre partenaire, puis demandez-lui de s'allonger sur le dos. Caressez-le, faites-lui une fellation si vous en avez envie, jusqu'à ce qu'il soit en érection.

Asseyez-vous sur lui puis faites quelques pics et plateaux en vous « servant » de son pénis pour atteindre des niveaux de plus en plus élevés. Lorsque vous approchez de 7 ou 8, caressez votre clitoris comme si vous vouliez vous masturber, et *concentrez-vous*.

Et ce jusqu'à l'orgasme, sans cesser d'aller et venir sur le pénis de votre compagnon. Notez bien les doubles sensations que vous procurent la pénétration et la stimulation du clitoris. Avec un peu d'entraînement, vous aurez de moins en moins besoin de toucher votre clitoris et vous *transférerez* plaisir et jouissance sur la seule pénétration.

Il peut y avoir deux variantes à cet exercice. Elles sont efficaces si c'est vous qui êtes « sur » votre partenaire. Demandez-lui de stimuler votre clitoris à votre place. Ou bien, dès que vous avez atteint un haut niveau d'excitation, utilisez, l'un ou l'autre, un vibromasseur ou un godemiché pour stimuler le clitoris.

L'ANGOISSE

Si le sexe vous angoisse, l'ensemble des exercices proposés dans ce livre vous aidera à vous débarrasser de cette peur. Mais vous devrez les exécuter plus lentement, ou les diviser en deux ou trois parties si vous sentez que cela est préférable. Par ailleurs, si pendant un exercice vous vous apercevez que l'angoisse est trop forte, n'hésitez pas à l'interrompre et à en faire un autre, dans lequel vous vous sentez parfaitement à l'aise. Il sera toujours temps de revenir à celui-ci.

Si vous êtes actif pendant un exercice et remarquez alors que votre partenaire ne parvient pas à se détendre, n'insistez pas. Revenez à un exercice, dont vous savez qu'il ne lui causera aucune angoisse.

Prendre du plaisir est finalement très simple, il suffit simplement de savoir où et comment le dénicher.

Bien-être

7170

Photocomposition Assistance 44-Rezé
Achevé d'imprimer en Europe (France)
par Maury-Eurolivres – 45300 Manchecourt
le 15 octobre 2001.
Dépôt légal octobre 2001. ISBN 2-290-07170-6
1er dépot légal dans la collection : juin 1999

Éditions J'ai lu
84, rue de Grenelle, 75007 Paris
Diffusion France et étranger : Flammarion